中国人の愛国心

日本人とは違う5つの思考回路

王 敏
Wang Min

PHP新書

はじめに

二〇〇五年四月、中国で反日デモが起こった。多くの日本人は、このデモを驚きと衝撃をもって受け止めたようだ。「数多くの日本企業が進出している上海で、まさかの出来事が起こった」という人もいれば、「日本企業の中国進出は、もともとリスクが大きい」という人もいた。「中国へ旅行に行くのが怖くなった」といって、旅行を取りやめた人も少なくなかった。ある大学では毎年夏に中国研修に行く学生が一〇〇人以上だったのに、今年は二〇人未満だったそうだ。四月の反日デモ以来、嫌中感を増した人も多いと思う。

私は、二〇〇五年の一月に『ほんとうは日本に憧れる中国人――「反日感情」の深層分析』（PHP新書）という本を出させていただいた。この本のなかで、中国の若者たちがいかに日本文化に関心を持ち、日本のものを多数取り入れているかという実情を書いた。音楽、小説、ファッション、アニメ、食べ物、化粧、ライフスタイルなど、日本的なものを好む若者が中国国内で急速にふえている。そうした事実を知らなかったという読者からの反響が大きく、おかげさまで本の売れ行きは非常によかった。

ところが、本が発売されて三カ月も経たないうちに、反日デモが起こった。私のところには、「先生は、中国の若者たちは日本文化に憧れているといっていたが、なぜ、その若者たちがあんな反日暴動を起こしたのか？」といった質問が届いた。「中国のことがわからなくなった」という声も多くの人から聞いた。

中国人の私から見ると、日本に憧れつつ反日デモを起こす中国の若者たちの気持ちは理解できる。しかし日本人にとっては、それを理解することは、とても難しいだろうと思う。そこで日本の方々に、中国人の心を読み解くヒントのひとつにしていただければと思い、私なりの解説をしてみようと本書の執筆を思い立った。

中国人の心を読み解くためのキーワードは五つある。「愛国」「歴史」「徳」「中華」「受容と抵抗」である。

反日デモのプラカードのなかには、「愛国無罪」というスローガンを掲げているものもあったが、中国人にとっての「愛国」とはいったい何を意味するのか。それを知っていただくことは、今回のデモを理解する大きな鍵となるだろう。

「愛国」という熟語は、同じ漢字文化圏である日本と中国どちらでも通用する。だから日本人は、自分たちが持っている「愛国」のイメージで、中国の「愛国」も考えてしまう。しかし、同じ文字だから同じことを意味しているのかというと、そうではない。中国人の持つ「愛国心」は、日本人の考えている「愛国心」とはずいぶんと違っている。中国人のどんな精神構造から「愛国心」が生まれてきているのかを考えれば、理解が進むと思う。

二つ目は、「徳」である。これは、儒教の教えに根ざしたものだ。中国では、皇帝も民衆も「徳」を持たなければならないとされる。この考え方は、「徳のない皇帝が出現した場合、民衆には、蜂起《ほうき》して皇帝を交代させる権利がある」といった革命思想にもつながっている。中国人にとっての「徳」の位置づけを理解すれば、なぜ中国でデモ行為が多いのかについて、理解が進むと思う。

三つ目は、「歴史」である。「歴史」という二字も日本と中国で共通する。しかし、日本語の「歴史」が意味するものと、中国人にとっての「歴史」が意味するものはまったく違うところがあるといっていい。中国人にとって、「歴史」は過去のものではなく、この現在に必要なものなのである。

中国人にとっての「歴史」という言葉の意味合いを知っていただければ、なぜ中国人が「歴史認識、歴史認識」と執拗《しつよう》に日本に迫るのか、中国人の精神構造がわかりやすくなるだろう。

　四つ目のキーワードは、「中華」である。「中華」にはいろいろな概念があるが、日本では、「民族」という言葉と結びつけられて、中華民族中心の思想と考えられていると思う。しかし「中華」という言葉は、「民族」よりも「文明」「文化」という言葉と結びつけて考えたほうが、中国国民の感覚に近いと思う。中国国民が誇りに思っているのは、民族はともかく、中華文明と文化である。

　最後のキーワードは、「受容と抵抗」である。近代以降の中国の歴史は、外国文化の「受容」と、外国文化に対する「抵抗」のくりかえしだった。中華文明と西洋文明の戦いだったといってもいい。

　一九七八年の改革開放路線以降、外国文化を積極的に国内に取り入れた結果、ライフスタイルは欧米化され、日本文化が急速に浸透していった。アメリカ発祥のインターネットが普及し、日本の音楽、テレビ番組、文学、アニメなどに憧れを持つ若者もとてもふえた。一見すると、それらの文化はうまく中国文化に融合していったかのように見える。

　しかし、心の中はまた別問題である。個人差が大きいが、心の深層では、じつは抵抗の気持ちが根強く残っている。外国文化に対する「受容と抵抗」の気持ちの二重性は、長い年月をかけて、中国人の精神構造に染みついてしまったものであり、簡単に払拭《ふっしょく》することはできない。

アメリカ式のライフスタイルをしていながら反米デモを起こし、日本文化に憧れながら反日デモを起こす。受容すればするほど、疑問が生じ、反動で抵抗も大きくなる。心の中に、いつも「受容と抵抗」という矛盾に思える二つの気持ちを抱えているのだ。

「受容と抵抗」を表すおもしろい例がある。最近中国では、バレンタインデーを七夕と同じ日にしてはどうかという意見が出てきた（『新民晩報』二〇〇五年二月二十五日付）。バレンタインデーは西洋文化の象徴のようなものだが、すでに中国の若者の間では広がっている。それに対して、七夕は旧暦の七月七日に行われる中国古来の文化である。若者たちのあまりにも急激な西洋文化の受容に抵抗を感じている人たちは、バレンタインデーを固有文化に取り込むかたちで受け入れようと提案しているのである。

この年の七夕節は新暦の八月十一日だったが、多くの企業が参加してプレゼントの贈呈を宣伝、レストランやバーではカップル向けのメニューを出すなど、もともと牽牛《けんぎゅう》と織姫が出会える日である伝統的な「恋人節」を盛り上げた。外国文化を受容しつつも、それに抵抗感を持っている中国人の心情の一端が現れている好例といえるだろう。

さて、これらの五つのキーワードが、中国人の精神構造を読み解く鍵になるのではないかと思う。

私は長い間、日本について学習・研究してきたが、日本について学べば学ぶほど、母国である中国という国の特徴も対照的に映り、二つの国について理解できるようになってきた。おそらく中国国内にいて中国のことを研究していたら、見えてこなかった面もたくさんあると思う。日本を研究することが、私の中国理解をも深めてくれた。日本の読者の方々には、本書を通じて、少しでも中国を知っていただければと思う。そうすれば、中国理解を通じて、きっと日本についても違った角度から理解できるようになるところがあると思う。

本書のなかでとくに知っていただきたいのは、中国の最近の変化である。巨大な国・中国の深層の変化は外からは見えにくいが、文化面ではいくつも大きな変化が表れている。文化の変化は心の変化でもある。心の変化は、いずれ政治や経済にも波及するはずである。文化の角度から、新しい中国と中国人の心の変化を読み取っていただければと思う。

本書が、中国理解のための参考になり、翻《ひるがえ》って、日本人が自分の国をより深く理解するための一助にもなれば幸いである。日中の相互理解を深め、日中関係を改善していくささやかな参考となればと願っている。

杭州の空港で。電光掲示板にも「愛国」の文字が浮かぶ

中国人の愛国心

日本人とは違う5つの思考回路

目次

はじめに

第1章　中国人にとって「愛国心」は中国魂

中国を理解するキーワード「愛国」

米国で活躍するスーパースターを表彰するか？　20
愛国心を持つことは大人の条件　22
日本と中国で「愛国心」のニュアンスは違う　24
中国人は、いつから「国」を意識しはじめたのか　25
何のための愛国なのか　26
醜い母でも愛さなければならない　28
「教育」そのものが「愛国」である　29
典型的な愛国者モデルは「岳飛」の抵抗精神　31
近代史の代表的な愛国者と売国者　33
開かれた愛国主義の始まり　34
近代の愛国主義は日本からも学んだ　35

二一カ条の要求以降、「愛国＝抗日」となっていく　38
「愛国無罪」という言葉の真の意味　39
時の政府にとって「愛国」は問題解決の武器　43
愛国＝反日？　44
愛国パターンのバリエーション　45
「科学救国」も愛国のひとつ　52
「反韓デモ」も起こした若者たちの行動原理　54
中国学生の強烈な愛国心を日本人は昔から知っていた　57
「売国者」李鴻章を見なおす動き　60
中国人も日本人も「愛国心」について深く考えるとき　62

第2章　中国人にとって「歴史」とは判例集

中国を理解するキーワード「歴史」

日中のズレが起こるわけ　66
中国人にとって「歴史」は「過去」ではなく「現在」　67

中国人は「歴史的に見れば」を好み、日本人は「国際的に見れば」を好む　69
問題解決法を歴史に見出す中国人　72
歴史を重視するのは、歴史が長い国の特徴？　73
対症療法より体質改善を考える中国的発想　74
九百年も恨まれつづける秦檜とその子孫　76
中国人は日本の歴史をよく知らない　77
いちばん厄介なのは民衆の歴史観　80

第3章　文化の力を重んじる中国人

中国を理解するキーワード「徳」

「戦争への反省」は二千年以上も前からいわれていた　84
中国人にとって最大の侮辱は「あなたは徳が欠けている」　86
「尚武」ではなく「尚文」が基本精神　87
自然を天意と考えてきた　89
民衆は統治者を倒してもよい　90

愛国無罪の背景には革命思想もある　91
ソフトパワーを重視しすぎて行き詰まることも　93
中国人がなりたい職業　94
靖国参拝に反対する民衆の真の理由　96
ある将軍と日本人孤児の物語　99

第4章　敵と味方を分かつもの

中国を理解するキーワード「中華」

異民族でも「中華」とみなされる　104
中国人が認めたくない元王朝　106
日本が恨まれるのは文化への侵略とも見られているため　108
中国人がこだわるのは民族よりも文化　109
「中華」「奸夷」「漢奸」の三分類　110
中国人自身の考える中国文化　113
近代以降は中華文明と外国文明のせめぎあい　115

第5章 中華文明vs西洋文明

中国を理解するキーワード「受容と抵抗」

外国文化に対する「受容」と「抵抗」のくりかえし 118
西洋のものを用いるようになった「道器論」――受容 119
アヘン戦争は西洋からの文化的侵略と映った――抵抗 120
外国のモノの効用を認めた「中体西用論」――受容 122
政治面も西洋化をめざした「変法論」――受容 124
西洋を全面的に敵とみなす義和団運動――抵抗 125
海外の政治制度を取り入れる革命論――受容 126
「打倒孔子」をも掲げた五・四運動――受容 127
マルクス・レーニン主義を入れた社会主義中国――受容 129
新しい文化を生まない最悪の文化大革命――抵抗 130
鄧小平の「白猫黒猫論」――受容 131
改革開放後の急激な外国文化流入――受容 132
トレンディドラマから韓流まで 134
「小康族」の生活水準は欧米並み――受容 140

孔子を見なおそうとする動き――抵抗 140
「受容」から生活の「希望」が見えてきた――受容 142
日本に憧れる中国人がなぜデモを起こすのか 144
今後も反日デモは起こるだろうが…… 146
西洋文化と中国文化の「融合」をめざした新しい考え方 149
海外に中国文化を発信して融合を 150

第6章 中国人の思考回路

「違い」から見えてくるもの

中国のことを知っているようで知らなかった日本 154
日本人と中国人では思考回路のソフトウェアが違う 155
お見舞いでだれから先に挨拶するか？ 156
日本人ほど情報受信力が優れた国民はいない 158
多民族国家では自己主張が強くなる 160
中国では人と違うことをしたほうが評価される 161

中国人にとってデモは日常風景　162
メディアに対する受け止め方の違い　163
教科書に対する受け止め方も違う　165
巨大人口の中国には反日感情を持つ人は永遠に存在する　166

第7章　愛国教育の真実

文化を通じて発信されるサイン

中国を見るには「文化」の視点が必要　170
完全なタブーがなくなり多様化へ　171
小学校の国語教科書から愛国教育は始まっている　173
教科書に見る抗日と愛国　174
反日一辺倒ではなくなってきた最近　179
川端康成が中国の教科書に載る　180
抗日五壮士を教科書からはずす動き　181
今後の愛国教育の流れ　184

メタ・サイエンスの視点でタテ・ヨコから文化を見る 186
小説・音楽・マンガ・映画などで進む文化交流 187
日本文化の力が中国の若者の心を変化させている 189
民間レベルでの文化交流こそ関係改善の鍵 191

おわりに

抗日愛国の士として名高い七君子の像
（上海・福壽園）

第1章

中国人にとって「愛国心」は中国魂

中国を理解するキーワード「愛国」

米国で活躍するスーパースターを表彰するか？

アメリカの四大プロスポーツのひとつ、ＮＢＡに姚明《ようめい》（ヤオ・ミン）という中国人バスケットボール選手がいる。彼は中国ナショナルチームの選手でもあるが、現在はＮＢＡのヒューストン・ロケッツに所属して大活躍している。姚明選手は二〇〇二年にドラフト一位でＮＢＡ入りし、ルーキー・シーズンからオールスターに選出された。二〇〇五年のオールスターでは、あのマイケル・ジョーダンを抜き、歴代最高得票数で選ばれたスーパースターだ。

二〇〇五年春、この姚明選手について、中国国内で、ある議論が巻き起こった。

中国では、毎年、若者たちにとって模範となる人物を選出し、表彰する恒例の儀式がある。社会主義国家の中国では、選出された人たちを「労働模範」と呼んでいる。労働模範は、各省、各地域、各職場でも選ばれているが、そのなかの最高クラスが全国労働模範となる。二〇〇五年の全国労働模範には、中国全土から三〇〇〇人が選ばれた。

労働模範の選考基準のひとつには、「愛国主義精神」がある。愛国的な人物しか選んではいけないのだ。

この全国労働模範に姚明選手を選出するかどうかをめぐって、中国国内で大きな議論が起こった。彼はいまや、中国で活躍している選手ではなく、アメリカの商業組織（NBA）で活躍している選手だからだ。そういう人物を愛国的と呼べるかどうか、議論が巻き起こったのだ。

日本にも、イチロー選手や松井秀喜選手のように海外で活躍するスポーツ選手はたくさんいる。ヨーロッパのサッカー界から誘われた中田英寿選手らもそうだ。多くの日本人は、それらの選手たちを純粋な気持ちで誇りに思っているだろう。しかし中国では、人物を評価するときに愛国的かどうかという視点も必ず加えられる。愛国的とみなされなければ、イチロー選手や松井選手のようなスーパースターであっても、国民に心から賞賛されることはないのだ。

これは、日本と中国で「愛国」の位置づけがいかに違うかの好例といえるだろう。二〇〇四年にメジャーリーグでシーズン最多安打記録を達成したイチロー選手は、国民栄誉賞を辞退したが、国民栄誉賞の選考にあたって「イチロー選手は愛国的か」という視点で議論が起こることはなかった。

結果的に姚明選手は、全国労働模範のスポーツ文芸部門三〇人の一人として選出された。中国のスポーツレベルの高さを世界に知らしめることに貢献しており、それも愛国のひとつの形であるという理由で選出されたのである。また、姚明選手が「祖国の要請があればいつでも駆けつける」と発言していることも、愛国的とみなされた要因だった。

姚明選手は、五月一日のメーデーに合わせて、全国労働模範として表彰されている。

愛国心を持つことは大人の条件

中国では、毎年五月四日に成人式が執り行われる。姚明選手たちは、この成人式直前に、新成人の模範となる人物として表彰されたわけだ。

五月四日といえば、五・四運動が始まった日として、日本人にもよく知られている。五・四運動は、第一次世界大戦中に日本が中国に突きつけた二一カ条の要求に対して、北京大学の学生たちが強く反発して起こした運動だ。一九一九年五月四日に天安門広場から始まったこの運動は、労働者や商人、そして農民も加わり、中国全土に広がっていった。

このように五月四日は、中国の若者たちが目覚め、個人の運命と祖国・民族の運命をひとつのものと考えて奮い立った記念すべき日である。青年に自覚を促す日としては非常に都合がよい。そのため中国では、五月四日に新成人を祝う式典が催されているのだ。

中国では十八歳で成人とみなされるため、十八歳を集めたイベントが全国で行われる。二〇〇五年も天安門広場に北京在住の十八歳の高校生が一万人ほど集まって、「成人宣誓式」が開催されている。

新成人たちは、この儀式で「立派な大人になろう」と純粋な気持ちで誓い合う。立派な大人とは、理想を持ち、道徳観念を備え、文化的かつ規律を持った社会主義の一公民になることである。いいかえるなら、これは「愛国の宣言」ともいえる。中国では、愛国心を身につけ、祖国と祖国の文化を大切にすることが、立派な大人の条件なのである。五月四日という特別な日に、新成人たちはそれを誓う。

日本の成人式では、最近は不まじめな新成人たちの姿が盛んにメディアをにぎわしている。中国の新成人たちは、まじめに成人を祝い合うものと思っている。

この儀式は、「現在」と「過去」を結びつける役割も担っている。過去のこの日に何があったのか、なぜ、この日に式が行われるのかを新成人たちは改めて認識させられる。中国の成人にとって、五月四日は忘れられない特別な日となり、五・四運動のこともだれも忘れられなくなっていく。

日本と中国で「愛国心」のニュアンスは違う

中国においては、「愛国心」は大人になるための条件であるとともに、人間にとってきわめて価値の高いものであると考えられている。ただし、中国人にとっての「愛国」という言葉の意味は、日本人が使う「愛国」とは違っている。

同じ「愛国」という漢字を使ってはいるため、お互いに相手も同じ意味で「愛国」という言葉を使っているだろうと思ってしまっているが、そこに、最初のボタンの掛け違いが生じていると思う。

日中で同じ漢字を使っていても、意味の違う言葉はいくつもある。たとえば、「愛人」という言葉は、日本では不倫相手や浮気相手を指す言葉だ。しかし、中国では「愛人」という言葉は、妻や夫のことを指す。同じ「愛人」という言葉でも、日本と中国では意味がまったく違っている。

「愛国」という言葉に関しては、そこまでの大きな違いはないにしても、日中では相当なニュアンスの違いがあると私は感じている。日本よりも中国でのほうが、かなり重い言葉だと思われる。どうして、そのように重い言葉になっているのかを本章で説明できればと思う。

中国人は、いつから「国」を意識しはじめたのか

そもそも、中国人にとっての「愛国心」はいつ生まれたものなのだろうか。

愛国というからには、国という概念を認識していることが前提となる。中国人が国を強く意識しはじめたのは、春秋時代（紀元前七七〇～紀元前四〇三）のころだと思われる。それまでの殷《いん》王朝と周王朝（西周）のときには、おそらく「国」という感覚も、「世界」という感覚も、ほとんどなかったはずだ。「この国のほかに別の国がある」「別の人種が存在している」ということを、ほとんどの人が考えることもなかっただろう。

しかし、春秋時代以降、周王朝の後期になると異民族の侵入を受け、王朝の威光も衰えて、多数の英雄が出現して天下を争った。そうすると、自然に自分たちの「勢力範囲」を認識せざるをえなくなる。このころに、「国」「自分の国」「よその国」という感覚が固まったのだと考えられる。

「国（國）」という字は、『新訂・字統』（白川静著、平凡社）によれば、「或は城郭の形である囗を戈《ほこ》で守る意で、武装した城邑《じょうゆう》を示し、國の初文。或にさらに外囲の囗を加えたものが國で、もと国都をいう」とある。また、『大漢和辞典』（諸橋轍次著、大修館書店）では、

「囗（くにの四方の境界）と或（戈と囗と一との合字で、四方の境を戈を以て守ること、更に土地を表はす一を加へてくにの意を示す）との合字」となっている。

要するに、「国（國）」という字は、ある領域を武装して守るというような語源である。春秋時代に、守るべき自分たちの領域として「国」の意識が生まれたのだろう。

ちなみに「愛」という字は、『新訂・字統』によると、「後ろを顧みて立つ人の形である旡《あい》と、心との会意字」とある。この二つの文字の組み合わせが「愛国」となる。

つまり「愛国」とは、文字の成り立ちからいえば、「国をいつくしみ、顧みる心」とでもいえるだろうか。

何のための愛国なのか

中国における愛国の始まりは、四書五経のひとつ『大学』（紀元前四三〇年ころ成立）に出てくる有名な言葉、「修身斉家治国平天下」と考えられる。身を修めることが、家をまとめ、国を治め、天下を平和にするという意味であり、自分と国を大切にすることの重要性が述べられている。

こうした考え方は、以来、中国国民に脈々と受け継がれてきている。中国人の精神構造の中核には「儒教精神」があるが、愛国心は、儒教精神のなかで中国人の心に根づいてきたものといえる。

中国人にとっての「愛国心」は、自分が中国人であることを示すアイデンティティのひとつである。日本に大和魂があるように、彼らには中国魂がある。それが愛国心だ。

では、愛国の目的は何なのか。国が国民に愛国心を求めるのは、強国政策のためだ。強い国になり、他国から侵略されない平和な国をつくることを目的としている。それでは、どのようにしたら強い国をつくれるのか。それは、国民一人ひとりに自覚を求める「自強」であると考えられている。国を強くするために「一人ひとりが強くなりなさい」と説かれる。個人が強くなれば、国も強くなるという発想である。これは、まさに「修身斉家治国平天下」の理念である。

中国人にとって愛国心を持つことは、国のためでもあり、自分のためでもあるわけだ。中国では、「国を愛することは、自分を愛することでもある」と教えられる。そのため愛国心を持つことは、他人のためではなく、自分のためだという意識がとても強い。

醜い母でも愛さなければならない

中国では、儒教の精神に則《のっと》って「孝」も非常に重視される。孝とは、先祖、親を敬い、大切に思う思想である。

中国の戦記物が好きな人は心当たりがあるのではないかと思うが、しばしば母親思いの武将たちが登場する。そうした武将に対して、周りの人たちがいかに尊敬の念を持って見ているかということがわかると思う。中国では、母親を大切にする息子は非常に高く評価されるのだ。母親思いの武将は、敵からも一目置かれる。

中国には「どんなに醜い母でも、愛さなければならない」という言い伝えがあり、私たちはくりかえしそれを教えられてきた。母親に対する孝はとても重要なのだ。中国では、母親に対して仕送りをする子どもも多いのだが、これもひとつの「孝」である。親の世代より子どもの世代のほうが豊かになってきたということもあるが、お金がない人は、借金をしてでも親に仕送りをする。「孝」の精神がなければ、そこまではできない。

ふと私は、雲南省大理から北京に働きに出てきた二十二歳のマッサージ師のことを思い出す。二〇〇五年八月、宿泊先のホテルでマッサージを受けると、故郷を気がかりにしているというその人は、「何が幸せだと思いますか?」という私の質問に予想どおりの返答を返してきた。「病弱の母が健康になり、長生きしてくれること」。そういって涙ぐむのである。

財団法人日本青少年研究所（理事長・千石保）が二〇〇四年に実施した、日本、中国、アメリカ三カ国の高校生対象の調査（回答者は計三六四九人）では、「どんなことをしてでも親の面倒をみたい」と答えている高校生が、日本の四三・一パーセント、アメリカの六七・九パーセントを引き離して、中国は八四・〇パーセントという高い数字を示している。

そんな中国では、「祖国は母である」とも教えられる。国のことも、自分の母親と同様に愛さなければいけないのだ。たとえどんなに醜い母であっても、母である以上、愛さなければいけない。自分の母親を愛するように国を愛するというのが、中国人にとっての愛国心である。

親への孝の延長線上に、国への孝が考えられている。

「教育」そのものが「愛国」である

中国では、愛国教育が熱心に行われている。どの小・中・高・大学でも、校則・学則の最初には「熱愛祖国、熱愛人民」などといった愛国の精神が謳《うた》われている。子どもたちは、国を愛するために教育を受けているといっても過言ではない。中国においては、学ぶことの究極の目標は、自分を愛し、国を愛し、国にとって役立つ人間になることである。

これは、古来からの伝統だ。孔子（前五五一～前四七九、一説には前五五二～前四七九）が中国で最初に私塾を開いたといわれるが、そこでは徳のある人間、実力のある人間を育てなければならないとし、その第一歩は勉強させることであると説かれた。自強教育の源である。

中国の教育は自強をめざしている。強国のための国民づくりといってもいいくらいなのだ。「教育」そのものが「愛国」であり、そもそもが「愛国教育」から教育は始まったともいえるのである。孔子以来、二千五百年、中国人にとっては昔から、学ぶことは愛国のためのものだった。

このような風土があるため、中国では知識人ほど「愛国」を叫ばざるをえなくなる。「愛国」をいわない知識人は、「じゃあ、何のために勉強しているのか」と問われ、知識人とみなしてもらえないのだ。

軍人の場合は、軍服によってその人が軍人であることを判断できるが、知識人の場合は、他人が客観的に判断する基準がない。そこで中国では、愛国心でもって知識人かどうかを判断してきた。愛国心の有無はだれにでも判断可能としてきたわけである。愛国心を持った知識人は、立派な知識人という意味で「士」といわれる。知識人にとって、学ぶことの目標は「士」になることである。

杜甫《とほ》や屈原《くつげん》などが立派な知識人と見られているのは、彼らが国を思う気持ちをこめた詩を詠《よ》んでおり、愛国者と考えられているからだ。中国を代表する『唐詩選』も、外敵の侵略に対する抵抗の精神を謳って、愛国を表現するものが多い。

現代の学生たちがよく「愛国」を叫ぶのには、知識人として、「士」として認めてほしいという願望も含まれている。

典型的な愛国者モデルは「岳飛」の抵抗精神

中国では、古代からモデルをつくって、そのモデルに見習おうとする習慣がある。前述の「労働模範」のように、いまでも、優秀な労働者をモデルとして表彰し、その人たちに近づきなさいというような指導をしているが、そもそも社会主義国家になる以前から、中国人はモデル（模範）をつくることが好きだった。当然、愛国者にもモデルがある。

典型的な愛国者モデルは、南宋の時代の岳飛《がくひ》（一一〇三〜四一）である。岳飛は南宋の武将で、北方から侵略してくる金軍に対して徹底抗戦した。しかし、金との講和をもくろむ秦檜《しんかい》（一〇九〇〜一一五五）によって無実の罪に陥れられ、獄中で毒殺されたのだ。

岳飛は国のために命をかけるとの決意を示すために、背中に「尽忠報国」という入墨をしていた。この入墨は、彼の母親が入れたものだといわれている。

岳飛は英雄であるとともに、中国国民にとって愛国者の模範とされている。中国人にとっての「愛国」のひとつの典型例は、岳飛のように「外国からの侵略に徹底的に抵抗すること」なのである。抵抗によって中国古来の文明を守るのだ。「外からの侵略に対する徹底抗戦」が、愛国行為の最重要要素と考えられている。

ちなみに、岳飛に入墨を施した岳飛の母も、愛国者モデルとなっている。自分の子どもを国に役立つ人間になるように育てることも、愛国行為とされる。

これに対し秦檜は、典型的な売国者のモデルとされている。秦檜は中華文明が侵略されようとしているにもかかわらず、抗戦によって守ろうとしなかったばかりか、抗戦していた岳飛を罪に陥れ、殺してしまったからだ。

このように中国では、「中国の文化を守ること」「侵略者への抵抗」が愛国の基本とされ、反対に「侵略者との妥協」は、裏切り者として売国者の汚名を着せられるのが典型なのである。

近代史の代表的な愛国者と売国者

近代以降にも、愛国者と売国者のモデルはいる。

中国近代史の扉を開いたのは、一八四〇年に始まったアヘン戦争だといわれる。このとき、イギリスの圧力におじけず、徹底したアヘン対策に取り組んだ林則徐《りんそくじょ》（一七八五〜一八五〇）が、近代最初の愛国者とされている。彼はアヘン二万箱を投棄し、イギリスの攻撃に徹底抗戦することを主張した。林則徐の国を思う気持ちは、いまでも中国人に高く評価されている。岳飛と同じように、中国の尊厳を守り、外からの侵略に徹底的に抵抗することは、中国人にとって伝統的な愛国の形なのである。

清朝は、その後、清仏戦争（一八八四〜八五）に敗れ、日清戦争（一八九四〜九五）にも敗れる。日清戦争の講和交渉に李鴻章《りこうしょう》（一八二三〜一九〇一）があたり、下関条約で膨大な賠償金と台湾割譲が決められた。李鴻章は自国の国力を認識し、これ以上、国民の犠牲者を出さないようにと考えて、不利な条件を呑《の》んで条約に調印したのだろう。しかし、侵略に対しては徹底抗戦するという中国古来の愛国モデルに反するため、彼は「売国者」とされてしまったのだ。

それに対して、屈辱的な条約に「遷都抗戦」を呼びかけ、科挙《かきょ》（進士）のエリート受験生一三〇〇人の署名を集めて清朝政府に政治改革を訴え出た康有為《こうゆうい》（一八五八〜一九二七）の行為は、義挙として語り継がれ、愛国的な人間として高く評価されている。

開かれた愛国主義の始まり

前述のように、下関条約に反対して徹底抗戦を主張した康有為は、愛国者の一人とみなされているが、彼は外国を排斥《はいせき》しようとしたわけではなかった。彼はむしろ、国民意識を改革して、西洋や日本のよいものは受け入れるべきだと考えていた。外国を排斥し中国固有文化を守ることが愛国ではなく、外国から学んで国を強くすることも愛国であると考えていたのだ。これは、新しい近代的な愛国主義の考え方、開かれた愛国主義の萌芽《ほうが》といえるだろう。

とはいえ中国には、四千年にもわたる固有文化がある。十六世紀にキリスト教の宣教師が中国に来て以来、開国を迫る動きは強かったが、しかしながら合理的思考の土壌は薄い。中国固有の文化を守り抜こうとする人たちのほうが多く、感情的に西洋のものをなかなか受け入れようとはしなかった。そのような古いものにこだわる文化が、国の発展を遅らせてきたのだが、それでも、保守的な人々の気持ちを変えるのは容易なことではない。

そこで康有為は、仁・義・礼・智・信の「仁」と西洋の「博愛」を結びつけて、国を強くするための改革を提唱した。

康有為とその弟子の梁啓超《りょうけいちょう》（一八七三～一九二九）は、西洋文明のよいところを吸収して国力を高めようと、政治改革を試みた。それが戊戌《ぼじゅつ》の変法（一八九八年）である。が、反対派によって、この改革は百日余りで終わりを告げ、康有為と梁啓超は日本へ亡命することになってしまう。

近代の愛国主義は日本からも学んだ

近代中国に愛国主義の考え方を率先主唱した一人が、梁啓超であると考えられている。

梁啓超は、亡命先の横浜で『清議報』を創刊した。この雑誌は民権思想を広めるためのものだった。一八九九年十月十五日、彼は誌上で「国民」という言葉をはじめて使った。

そして「愛国ならば必ず民権を興す。そこから始まる」と述べ、民権から始まらないと愛国心は育たないと説いた。国民には民権があり、一人ひとりが自立した人間になって権利と責任を持たないと、国を愛することはできない。一人ひとりが国民意識を持つことが、愛国心につながると述べたのである。このような考え方が中国における近代の「愛国心」のスタートと位置づけられる。

また梁啓超は、同年に『中国魂』を書き、日本が明治維新を成功させた理由は、大和魂があったからだと結論づけた。日本に学び、中国人も中国魂を持つべきだと説いている。同時代の革命派たちは中国魂について活発な議論を交わしている。山海魂、冒険魂、軍人魂、武士魂、遊侠魂、平民魂、社会魂など、多様な表現で中国魂を解説しようとした。

さらに、一九〇二年に発刊した文学雑誌『新小説』で、梁啓超は『小説と群治の関係を論ず』という代表的な論文を発表した。この論文は若い人に多大な影響を与え、魯迅《ろじん》（一八八一～一九三六）が医学の道を辞めた背景のひとつとして、この論文に感激したからだといわれるほどである。

女性革命家の秋瑾《しゅうきん》（一八七五～一九〇七）も、外国文化を積極的に受容しようとした一人だが、彼女は「女性にも民権がある」と述べている。国を進歩させるためには、国民が自覚を持つことが必要だと考えていた。秋瑾は強い愛国の女性として、中国女性の間では憧れになっている。ちなみに、このころ上海では中国教育会によって愛国学社が成立した。

これらの人たちは、外国から政治、文化、思想を学ぶことが、愛国のためには必要だと考えていたが、いずれも日本への留学・亡命などを経験している。日本で学ぶなかで、国力を高めるためには外国から多くのことを吸収すべきであり、また、国民を教育するときに愛国を教えるべきであるということを知ったのだ。

中国の近代愛国主義は、もともと日本をモデルとして始まったものなのである。

梁啓超は亡命した日本で、明治維新の成果を見て感激した。彼は「ここに優れた人々の国がある――その文化と人々はわれわれと同じである」と述べている。西洋文明を吸収し、非常に短い期間に国力を急伸させ、中国（清朝）をも破る力を持った日本をモデルにすべきであると考えた。

また、当時の時代精神のもと、教育勅語によって儒教精神に基づいた愛国教育が全国の学校で徹底されているのを見て、強い衝撃を受けたようだ。国を愛する子どもを育てることが国を強くすることであると知ったのだ。

梁啓超は、日本滞在中に愛国心の重要性と愛国教育の必要性を強く意識するようになり、愛国の歌「愛国歌四章」を、横浜中華大同学校の創立参与者として（『横浜山手中華学校志一八九八～二〇〇四』学校法人横浜山手中華学園、二〇〇五年）、横浜の中華学校で歌わせている（山室信一『思想課題としてのアジア――基軸・連鎖・投企』岩波書店、二〇〇一年、など）。

教育に関していえば、梁啓超は「徳育・知育・体育」の三つの方針を日本から学んだ。じつは、この三つの方針は、毛沢東（一八九三～一九七六）も踏襲しているのである。社会主義中国の教育方針は、「徳育・知育・体育」である。私は子どものころ、この三つの言葉を暗記させられたものだが、もともとは梁啓超が日本から学んだことだった。

愛国主義も、徳育も、もとを質《ただ》せば中国の儒教精神にたどりつくが、それを活かした近代日本が急速に発展を遂げ、その日本から中国が学びなおしたという不思議な因縁なのである。

二一カ条の要求以降、「愛国＝抗日」となっていく

近代中国の愛国教育は、日本からその重要性を学んだくらいであるから、当初の愛国主義は、決して反日的というわけではなかった。

しかし、その後の欧米列強や日本の侵略によって、愛国は中国古来の伝統である「侵略への抵抗」の要素を強めていく。それがもっとも顕著に現れている例が、二一カ条の要求に対して起こった五・四運動以来の抗日運動だ。

その後、日本の侵略が進めば進むほど、「愛国＝抗日」の要素が強くなっていった。武力

によって他国を侵略することは王道ではない。中国人が理想とする伝統的価値観からはずれたものである（第3章参照）。それに加えて、日本語を強要するなど、中華文明を侵略しようとしているかに見える日本のやり方は、中国人にとっては許しがたいものと映った（第4章参照）。これが、「日本に抵抗することが国を愛することである」という考え方につながっていく。

一九一五年に二一カ条の要求が出されて以来、一九四五年の終戦まで三十年もの間、その状態が続いたため、「愛国＝抗日」という考え方が現在にいたるまで染みついてしまった。さらに、一九四九年の社会主義中国の成立以降は、アメリカ陣営に属する日本は敵であると考えられた。中国人は、現在でもそれらのイメージを完全に払拭できないでいる。

「愛国無罪」という言葉の真の意味

二〇〇五年四月の反日デモでは、「愛国無罪」というスローガンが叫ばれた。「愛国無罪」とはどういう意味なのか。

日本人は「愛国無罪」という文字を見て、「愛国のためならどんなことをしても無罪である」と主張しているように思ってしまったかもしれない。しかし、それは日本人が漢字を読めるがゆえに陥ってしまう誤解のひとつだ。文字面からはそのように読み取れるが、どんな言葉にも背景というものがある。背景を無視すると言葉の意味を誤解してしまう。「愛国無罪」という言葉には、深い歴史的意味合いがあるのだ。

「愛国無罪」という言葉は、一九三〇年代の七君子事件に端を発しているといわれる。

一九三六年十一月、「全国各界救国連合会」を結成し、抗日民主運動をしていた沈鈞儒《ちんきんじゅ》（一八七五～一九六三）、章乃器《しょうだいき》（一八九七～一九七七）、鄒韜奮《すうとうふん》（一八九五～一九四四）、史良《しりょう》（一九〇〇～八五）、李公樸《りこうぼく》（一九〇〇～四六）、王造時《おうぞうじ》（一九〇三～七一）、沙千里《させんり》（一九〇一～八二）の七人が、政府国民党によって逮捕されるという事件があった。

当時は、国共合作による抗日民族統一戦線結成の前であり、まだ国民党と共産党が敵対していた。蔣介石《しょうかいせき》（一八八七～一九七五）は共産党を倒すことに重点を置き、強い抗日政策を打ち出していなかった。七人は、そんな国民党の対日政策に不満で、もっと抗日の意思をはっきりと打ち出すべきだと運動した。また、彼ら七人は国民党政府を批判していただけではなく、共産党に理解を示していたことから、共産党を警戒した国民党によって逮捕されたと考えられている。

この逮捕に対して、孫文夫人の宋慶齢《そうけいれい》（一八九三～一九八一）など一六人が、国民党強硬

2005年4月に起こった中国の反日デモをめぐる動き

9日	北京でデモが勃発。日本大使館などに被害
10日	中国外務省が「責任は中国側にはない」との談話を発表
15日	北京市公安局が未許可のデモに対する規制強化を表明
16日	上海でデモが勃発。日本総領事館などに被害
17日	日中外相会談。李肇星外相は謝罪に応じず 中国外務省が国民向けの呼びかけ方針を決定
19日	李外相が対日関係で演説。宣伝団が各地で呼びかけを開始
20日	中国メディアが対日重視のキャンペーンを展開
22日	アジア・アフリカ会議で小泉首相が演説
23日	日中首脳会談。胡錦濤国家主席が対日関係で5項目提案

『朝日新聞』2005年7月4日付朝刊をもとに作成

派による民主主義運動の鎮圧に抗議し、七人を釈放するように求めた。そのときに行われた運動が「救国入獄運動」である。「彼ら七人は国を救うために行ったのであり、国を愛する彼らが有罪であるならば、同じように国を愛するわれわれも入獄させろ」という趣旨の運動だった。この運動は「救国無罪」を勝ち取るための運動だった。

その年の十二月には、張学良《ちょうがくりょう》（一九〇一～二〇〇一）が蔣介石を拘束《こうそく》する西安事件が起きたが、張学良が国民党政府に求めた要求のなかにも、抗日七君子の釈放が入っていた。翌年七月の盧溝橋《ろこうきょう》事件を経て第二次国共合作が成立したが、そんな最中に、七君子の裁判は始まった。

彼ら七人には死刑が求刑されたが、蘇州高等法院は、結局、政治的判断を加えて、七君子を無罪釈放とした。

しかし、無罪とするには何らかの理由がなければならない。そこで出てきたのが、国を愛する気持ちに罪はないという「愛国無罪」である。その後、今日にいたるまで、流行語のように「愛国無罪」という言葉が使われるようになった。

このように、もともと「愛国無罪」という言葉は、「国を救う運動が悪いというなら、われわれもみんな入獄させろ」という運動から始まった政治的な言葉である。「愛国のためなら何をしてもかまわない。物を壊しても、人に危害を加えても、何をしても無罪だ」という意味で用いられているわけではない。

そもそも、政治犯罪と刑事犯罪はまったく別のものだ。「愛国無罪」という言葉は、愛国のためであれば刑事犯罪も許されるという意味ではなく、「国を愛するがゆえに反政府運動を行っている人を、政治犯として有罪にすることはできまい」という政府に対するアピールの意味合いを持った言葉なのである。

「愛国無罪」という言葉には、歴史的かつ政治的な深い意味合いがこめられている。決して日本に対してアピールするための言葉ではなく、自分の国の政府に向けられたスローガンなのである。

時の政府にとって「愛国」は問題解決の武器

中国では問題解決の武器として、よく「愛国」が使われる。

抗日戦争のときの国民党のスローガンは「国家至上」であり、このスローガンで号令し、国民を動員した。政府に対して何の忠誠心も持っていない人でも、「愛国のために、日本と戦え」といわれたら、戦うほかはない。本心ではみな戦争そのものは嫌いであるけれども、「愛国」を持ち出されたら、戦わざるをえなくなる。

一人っ子政策も、国を愛する行為として導入されている。ほんとうは、もっと子どもが欲しいと思っている夫婦もたくさんいる。第二子を妊娠しても中絶せざるをえないこともある。そのようなつらい政策に従っていけるのは、国のためと思うからである。

また、日中国交正常化（一九七二年）のときも、愛国のために過去の悲惨な戦争体験を乗り越えようと説得された。家族が日本軍に殺された人もたくさんいる。抗日教育もされてきた。社会主義になってからは、日本は冷戦構築時代における敵陣営であるとも教えられてきた。そんな日本人と仲良くしなさいと、突然、党・政府からいわれたのだ。多くの中国人は矛盾を感じたが、「中国人民と同様に、日本の人民も戦争の被害者である」「これも愛国のためである」と説得された。

愛国というのは、中国魂であり、アイデンティティでもある。それゆえに「愛国」を持ち出されると、まじめにそれに従う人が多い。

愛国＝反日？

多くの日本人は、中国人にとっての「愛国」とは、反日活動、あるいは反米活動だと考えているかもしれない。たしかに、反日・反米・反外国を愛国心の現れととらえている中国人もいる。しかしその逆に、親日・親米・親外国を愛国的活動だと考えている人も少なくない。

私のように外国に永住している中国人を華僑《かきょう》というが、華僑に対してはさまざまな見方がある。私も中国の若い学生から、「あなたはなぜ、日本に仕えているのですか?」と聞かれたことがある。日本で働くことは、中国を裏切る行為であり、愛国的ではないと考えている中国人もいることは確かだ。本章の冒頭であげたバスケットボールの姚明選手に対する反発もその例かもしれない。

しかし、華僑に対して、中国大使館は支援する立場をとっている。日本でも大使館主催で、ときどき華僑を慰安するパーティが開かれるが、私も中国大使館の人に、「日本の法律や社会を学び、日本社会でいい仕事をして、実績をあげてください」とよく励まされる。外国で活躍し、中国の文化を外国に広めたり、外国と中国との関係を良好にしたりすることも、「愛国」のひとつの形なのである。

中国人は、子どものころから愛国教育を受け、愛国心を持つことにきわめて高い価値を見出している。しかし、必ずしも愛国イコール反日ではない。中国人は、外国と仲良くすることもまた愛国であると教えられている。

愛国パターンのバリエーション

愛国パターンの典型例は、先に紹介した岳飛である。「侵略者への抵抗」が中国人にとっての愛国の基本だ。それが近代の抗日運動にもつながっている。

しかし、それ以外にも愛国の形はいくつもある。中国人が何を愛国と考えているのか、モデルを通じてそのパターンを見ていこう。

・岳飛（一一〇三～四一）

南宋の武将で、金軍の侵略に対して「徹底抗戦」したが、金との講和をもくろむ秦檜（一〇九〇～一一五五）に、無実の罪に陥れられ殺された。「外からの侵略者への抵抗」が中国の典型的な愛国モデル。

・屈原（前三四三～前二七七〔二九〇、二九九〕、一説には前三四〇～前二七八）

戦国時代の楚の詩人で政治家。楚の貴族の腐敗を指摘し、政治改革、賢士重用《ちようよう》などを主張した。また、秦と戦うことも主張した。しかし讒言《ざんげん》によって、職を解かれた。屈原は国を思う気持ちをこめて『離騒』などの詩を詠んだが、のちに楚が滅ぼされたのを憂《うれ》えて、五月五日に川に身を投げて亡くなった。

屈原は愛国者のモデルとなっており、屈原が自殺した日は、「端午《たんご》の節句」としていまでも有名である。屈原以降、時の絶対的権力者である皇帝や王に対して建設的な提案をしたり、ときに批判したりすることも愛国行為と考えられるようになった。

・魯迅（一八八一～一九三六）

「中国近代文学の父」と呼ばれる文学者。若いころには日本に留学し、仙台医学専門学校

（現在の東北大学医学部）で学んだ。授業のときに見た日露戦争のスライドで、ロシアのスパイとして処刑されようとする中国人を、周りの中国人が無関心な顔をして見ている光景を目にして、中国民衆の啓蒙こそが必要だと感じて帰国する。

帰国後は、胡適《こてき》（一八九一～一九六二）らの文学革命に加わった。魯迅は、中国古来の儒教的な文化を批判したが、国をよくしたいという思いに基づいたものだった。魯迅は、自国の文化を守るだけではだめだという建設的な提案をして、時の政治や権力者をも批判した。これは屈原と同じで、自分の身を危うくする行為だ。それでも、あえて国のために権力者を批判したということで、良心的な評価すべきインテリのモデルとされる。武力を用いず、文化の力によって国をよくしていこうとする行為は、中国古来の「尚文《しょうぶん》」（第３章参照）の精神にも合致している。ちなみに一九五一年に開館した上海魯迅記念館は、一九九四年に上海市が「愛国主義教育基地」に指定し、さらに二〇〇一年には政府によって「全国愛国主義教育示范（モデル）基地」とされている。

・文成公主《ぶんせいこうしゅ》（六二五ごろ～六八〇）

唐の王女。唐とチベット族の吐蕃《とばん》は、はじめは対立していたが、文成公主を吐蕃王ソンツエン・ガンポ（五八一？～六四九）に嫁がせることによって和平が結ばれた。当時の女性たちは、文明の遅れた辺境へなど行きたくないと思っている人が多かったが、文成公主は国のために嫁いでいく。

彼女は唐の進んだ技術、医学、仏教などをチベットに伝え、チベットの人からも慕われた。文成公主のように、外国との和平のためにみずからを犠牲にして尽くす人も愛国者のモデルとされる。

・杜甫（七一二～七七〇）

唐の時代に起こった安史《あんし》の乱（七五五～七六三）で反乱軍に拘留《こうりゅう》されながらも、「国破れて山河あり 城春にして草木深し」で有名な『春望』をつくって国を思い、戦乱の悲しみを詠《うた》った。多くの中国人が親しんでいる詩である。

・蘇武《そぶ》（前一三九～前六〇）

前漢の武帝の時代の将軍。攻勢の匈奴《きょうど》との交渉のために使者として赴《おもむ》き、捕らえられて捕虜となったが、不屈の精神で、漢への忠節を貫いた。食事も与えられず屈辱的な扱いを受け、羊飼いにされてしまったが、辛酸《しんさん》をなめながらも国への思いを抱きつづけ、いつか救出されると信じて、ずっと耐えた。

　二十年近く経ったのち、蘇武が生存していることが知られ、ようやく漢軍に救出された。蘇武の生き方も、愛国のモデルとされている。

・白求恩《はくきゅうおん》（ノーマン・ベチューン、一八九〇～一九三九）
　カナダの共産党員で医師。国際共産連盟によって、抗日戦争のときに中国に派遣された。抗日戦争時に、彼は数多くの中国軍人の手術をして命を救った。ある手術の際に、手の傷から病原菌が感染し、命を落とすことになる。

　のちに毛沢東が、「偉大な共産主義戦士、白求恩を記念する」という文章を残しており、白求恩医科大学も設立された（白求恩医科大学は、その後、吉林大学に再編された）。外国人であるが、中国人にとってのお手本とされ、教科書にも掲載されている。

　二〇〇五年八月二十五日には、彫刻家の李学氏が盧溝橋にある中国人民抗日戦争記念館に白求恩の銅像を寄贈している（『人民日報・海外版』二〇〇五年八月二十六日付）。このように人道的見地から、他国の人に尽くすという形での愛国もあると考えられており、「抗日勝利に際して国際友人を忘れてはならない」と題するコラムが現在でも発表されるくらいである（『人民日報・海外版』二〇〇五年八月二十五日付）。

ちなみに抗日戦争を支援した外国人の医師は三八人、マスコミ関係者は五〇人、教育者は多数いたという（『人民日報・海外版』、陳信源「抗戦烽火時代の国際友人」二〇〇五年七月三十日付）。

・孟母

孟子は、聖人君子の一人であり、いうまでもなく愛国者のお手本であるが、孟子の母も、中国人にとっては愛国者のモデルととらえられている。「孟母三遷」という有名な故事があるように、孟子の母は子どもの教育のために、よりよい環境を求めて住居を三回移り変えた。国をよくするための学問を身につけさせたいと願ったからだ。岳飛の母と同様に、愛国者を育てた女性も愛国者であると考えられている。

・文天祥《ぶんてんしょう》（一二三六～八二）

科挙に首席で合格し、南宋の丞相にまでなった政治家・詩人。モンゴル軍が侵略してきたとき、徹底抗戦を主張した。地位を捨て、みずから兵を率いて戦ったが、モンゴル軍に捕らえられた。大都（北京）に護送されて、自分に仕えるようにという皇帝フビライ（一二一五～九四）直々の投降の勧めを拒み、最終的には処刑される。

彼は「天下興亡、匹夫《ひっぷ》有責」という言葉を残している。男たる者、みな天下興亡に責任があるという意味だ。国を守るために戦い、最後まで敵に屈しなかった愛国者とされている。

・勾践《こうせん》（?～前四六五）

春秋時代の越王。勾践は呉との戦いで呉王・闔廬《こうりょ》（?～前四九六）を破った。しかし、闔廬の子・夫差《ふさ》（?～前四七三）は、父の仇を忘れないように薪《たきぎ》の上に寝て復讐を誓い、勾践を降伏させた。勾践は、苦い胆《きも》を部屋に掛け、いつもそれを嘗《な》めて敗戦の恨みを思い起こし、最後には夫差を破る。『臥薪嘗胆』という言葉で有名な人物である。勾践は国を復興するために、ずっと我慢して実力をためながら待ちつづけた。これも愛国の形のひとつであると考えられている。

このほか、前漢の武帝（在位前一四一～前八七）の時代に月氏《げっし》への使節として派遣され、途中、匈奴に捕らえられながらも使命を忘れず帰国を果たした張騫《ちょうけん》（？～前一一四）、明の永楽帝（在位一四〇二～二四）の時代にヨーロッパ人よりも先に大航海を達成した鄭和《ていわ》（一三七一～一四三四）、清の時代に国のために政治改革を断行し、国民を広く啓蒙した康有為と梁啓超、文成公主と同じように和平のために他国（匈奴）に嫁いだ漢の美女・王昭君《おうしょうくん》（前一世紀ごろ）……こうした人物も、愛国者のモデルとして取り上げられることが多い。

また、皇帝に徳がなく、悪政を行った場合に、義をもって蜂起し戦った農民たちは、愛国群像とみなされる。

ちなみに、二〇〇五年七月十一日は、鄭和の大航海六百周年にあたるため、これを記念して中国では、七月十一日が「航海の日」と定められた。

「科学救国」も愛国のひとつ

いくつかの愛国パターンを見てきたが、愛国のパターンとして、科学技術の重要性が強調されることもある。

中国の子どもたちは、中国が誇る三つの技術遺産を教えられる。世界に並ぶものがない万里の長城、隋の時代につくられた世界一の大運河（通済渠《つうさいきょ》、永済渠《えいさいきょ》、江南河《こうなんが》など）、世界最古の水利施設・都江堰《とこうえん》（四川省成都）である。

同時に、中国の四大発明（紙、印刷術、火薬、羅針盤）についても教えられる。

これらを習うときには、「科学救国」という言葉が用いられる。科学技術を研究開発して、国の発展のために尽くすことも、愛国行為とみなされるのである。

ところで、最近の中国でいちばん人気のあるテレビドラマに、冼星海《しょうせいかい》（一九〇五～四五）という音楽家の一生を取り上げたものがある。冼星海は日中戦争当時、パリに留学して実績をあげていた。フランス人の美しい恋人もいたが、彼は恋人もパリで築き上げた栄光もすべて捨て、抗日戦争で揺れる本国に帰国した。以来、彼は「救国軍歌」などたくさんの歌をつくって、中国人の心を勇気づけた（『人民日報・海外版』二〇〇五年八月五日付）。

冼星海のように、外国へ留学して帰国し、文化的なことで国のために尽くすことも、中国では愛国パターンのひとつとされている。

ここで、もう一度、中国人にとっての愛国のパターンを整理しておこう。
・一人ひとりが自立し強くなること――「修身斉家治国平天下」の精神
・外からの侵略に抵抗すること――岳飛、林則徐

・敵に捕らえられても忠節を貫き屈しないこと――杜甫、蘇武、文天祥
・国を復興するために、力を蓄えるまでは我慢すること――勾践
・時の政権を批判し、建設的な意見を出すこと――屈原、魯迅
・外国から学んで国を強くしていこうとすること――康有為、梁啓超
・外国との和平のためにみずからを犠牲にすること――文成公主、王昭君
・外国の民衆に尽くし母国の名を上げること――白求恩
・文化の力で社会をよくしていこうとすること――魯迅
・外国で学んで帰国し、国のために尽くすこと――冼星海
・科学技術で国の発展のために尽くすこと――紙、印刷術、火薬、羅針盤の四大発明者たち
・国の役に立つ人間を育てること――孟子の母、岳飛の母

「反韓デモ」も起こした若者たちの行動原理

これまで述べてきたように、中国人にとっての「愛国心」は、中国魂ともいえるほど大切なものだ。愛国心が強いことが周囲の人たちから評価され、尊敬される要因となっている。

とくに学問を志す人間にとっては、愛国的であることが知識人として認められる絶対条件

抗日戦争などに関連して予定される中国の記念日

7月7日	盧溝橋事件(1937年)
8月1日	人民解放軍の建軍記念日(1927年)
8月13日	第2次上海事変(1937年)
8月15日	日本の降伏(1945年)
9月3日	抗日戦争勝利記念日(日本の降伏文書調印の翌日、1945年)
9月18日	柳条湖事件(1931年)

『朝日新聞』2005年7月7日付朝刊をもとに作成

のように考えられている。中国では、大学生は知識人の卵だ。日本と違って中国の大学進学率は低く、一昨年で六パーセント、昨年一挙に高まったといっても、まだ一九パーセントといったところ。つまり大学生というのは、それだけでエリートなのである。

ところが現代中国では、そうしたエリートたちが愛国心を公的な場で表現する場が少なくなってしまった。若い大学生たちにとって、「中国人として、立派な人間になった」「立派な知識人だ」と褒めてもらえる機会が少ない。そこで、靖国問題や教科書問題をとらえては、デモなどを起こして愛国心を表現しようとするのだと思う。

日本人にはあまり知られていないが、じつは二〇〇四年には、若者の間で「反韓国」がひとつのテーマとなり、韓国に対する小さなデモも起こっている。きっかけは、インターネットで洋服の販売をしていた韓国のある留学生が、ネット上で「中国人のセンスは悪い、韓国のデザインがいい」というようなことを書いたことだとされている。若い大学生から見れば、中国を侮辱する言い方であって、過剰な愛国心が某大学の学生寮の小さなデモにつながったようだ。

外国に侮辱されたときには愛国心を表明しやすい。そのため、機会をとらえては大小のデモを起こす結果となっている。

とはいっても、どこまで本気で愛国を考えてデモを起こしているのかはわからない。デモの理由がわからなくても、理由を深く考えなくても、「愛国」というひと言があるだけで大義名分が成り立つので、参加してしまう学生もいるようだ。「愛国」を持ち出すこと自体が「カッコいい」と思っている学生もいる。

中国の若い人には、国や社会や家庭に対する不満がたくさんあるが、その不満を訴える場所もなく、解決する道もない。そのため、ワイワイガヤガヤお祭り騒ぎのようにして、不満を吐き出している面もある。

私は七月五日に、北京大学を訪ねて学生たちにデモについて聞いてみたが、北京大の学生はほとんど参加していなかったことがわかった。とくに、勉強に全身全霊を投入している人は、デモに参加する余裕がなかったようだ。翌日の七月六日に北京大で、一九三七年七月七日の盧溝橋事件記念集会が行われたが、参加者は五〇人くらいだったという。

中国学生の強烈な愛国心を日本人は昔から知っていた

二〇〇五年六月二日の『人民日報』に、南開大学という中国有数の古い大学についての記事があった。

南開大学は多くの革命家を世に送り出した名門大学で、設立されたのは一九一九年。清朝海軍の北洋艦隊が日本に負けたことがきっかけとなり、二度と戦争に負けてはいけないと天津に創立された大学だ。それまでの中国の学校は、詩と散文を中心とした科挙試験に合格するための私塾のようなものばかりで、日本のような近代教育を実践する大学はほとんどなかった。南開大学では、近代教育の科目を取り入れて、日本から学ぶための授業が行われた。

ところが南開大学は、一九三七年七月、その日本の軍隊によって攻撃され、破壊された。日本から学ぶために設立された大学が、日本軍によって破壊されたため、創立者は裏切られたという思いになり、深く悲しんだという。のちに日中国交回復の際に、創立者たちは田中角栄首相に抗議の手紙を書き、賠償してくれるように求めている。

この南開大学の破壊行為について当時の日本軍が記者会見したときに、ポーランド生まれの特派員がやりとりを記録しており、それが先の『人民日報』に掲載されている。およそ、以下のようなやりとりだ。

「なぜ、南開大学を攻撃したのですか?」

「中国の軍隊が南開大学に駐在していたからです」

「南開大学で中国兵に会ったことはないですが……」

「しかし、この建物はとても堅固ですから、中国人が反日のために利用すると考えました」

「どうして、そう思ったのですか?」

「もし私が中国の司令官だったら、しっかりした建物を利用すると思うからです」

「それだけを理由にして、世界的にも著名な学府を平らげる必要があるのでしょうか」

「南開大学は反日の基地です。私たちはすべての反日の基地を攻撃しなければなりません。南開大学の学生たちはみな、反日的で親ソビエトでした」

「いまは夏休みですから、学校に学生はいないはずですが」

「私は軍人です。私たちはいま、南開大学を攻撃している最中です。そこは反日の基地です。すべての中国の大学が反日基地なのです」

「それなら、日本はすべての中国の大学を攻撃することになりますよね」

「……すみません」

日本軍側から見ると、南開大学への攻撃は、そこが抗日基地と判断したからだといいたかったのだろう。そのとおりだったと思われる。実際、中国の若い学生たち、インテリ層は愛国心が強く、すべての大学が抗日の基地だったといっても、誤りではない。

この日本軍の記者会見を通してわかることは、中国の学生たちがいかに愛国心が強かったかということだ。日本側から見れば反日の基地だが、中国側から見れば愛国の基地だったのである。

当時とくらべれば、昨今の反日デモは、言葉は悪いが未熟な若者たちのかわいい行動である。そう考えて、あまり過敏にならないほうがいい。

南開大学のエピソードからは、日本軍が愛国者たちをつぶそうとするあまり、親日派、知日派まで敵にまわしてしまった側面も見えてくる。この歴史を鑑《かがみ》にして現在の反日デモを考えるならば、反日デモをやっている人たちに反感を持つあまりに、過剰な対処をしてしまうと、知日派まで敵にまわす恐れがあるということだ。反日デモの学生たちにエネルギーを割《さ》く余裕があったら、中国の知日派、親日派を大切にすることにエネルギーを注いだほうが、日本人にとって、はるかに建設的、生産的だと思う。

「売国者」李鴻章を見なおす動き

前に売国者の典型例として紹介した李鴻章だが、最近、彼を見なおそうとする動きが出てきた。一九九八年に李鴻章記念館（安徽省合肥市《あんきしょうごうひし》）が開館されたのである。彼を評価した本も多数出版されるようになってきた。たとえば、張明林『外国人の評点 李鴻章』（吉林撮影出版社、二〇〇三年）、梁啓超『李鴻章伝』（南海出版社、二〇〇一年）、陽父『共和をめざして』（当代中国出版社、二〇〇三年）など数えきれない。

以前は李鴻章に対して、すぐ隣に実在する悪人のように考えていた人が多かったことを思うと、中国人の心理面に小さな変化が起こっているのだろう。時代が移り変わって、彼を歴史上の人物として客観的に見る人がふえてきた結果ともいえる。

中国固有の考え方では、自分たちにとって明らかに惨状を招く結果になっても、合理的な判断でなくても、侵略に対しては抵抗を選択しなければならない。

李鴻章ほどの人物であれば、そうした中国人の考え方をよく理解していたはずだ。武力で侵略された場合には、徹底的に抵抗するのが中国固有の愛国モデルだ。下関条約で日本と妥協することは、そのモデルに反している……。おそらく彼は、自分がここでサインしたら、中国固有の文化が続くかぎり、千年経っても、一万年経っても、「売国者」として吊し上げられることを覚悟していただろう。

しかし、彼には合理的な認識があった。当時の中国は国力が弱く、日本と戦争を続ければ必ず負けつづけ、それによって多数の中国人が被害を受ける。戦争継続を避けたい、国民に平和を与えたい――そういう意識でサインしたのだろう。

何よりも彼は、中国人に時間を与えたかったのだとの見方が強まっている。時が経てば、中国が立ちおくれたために日本に負けたことを、中国人自身が認識できるようになると思っていたようだ。彼は日本に媚《こ》びるためにサインをしたわけではなく、中国国民のために、屈辱を感じながら条約に署名したのだ。

屈辱の重さが重要なのか、現実的な中国の平和と安定が重要なのかを、合理的に判断したのだろう。その判断の意味がいま、見なおされはじめているのだろう。「抵抗」にこだわりすぎる中国人の愛国精神が、徐々にではあるが変化してきたといえるのではないだろうか。

中国人も日本人も「愛国心」について深く考えるとき

中国の行きすぎた愛国主義は問題であり、是正《ぜせい》していかなければいけない点が多々ある。しかし、今回の中国のデモを教材とすれば、日本人も愛国心について、もう一度、整理しなおすよいチャンスではないかと私は思う。

日本人は、第二次世界大戦後、価値観を一変させて「愛国心」を全否定してきた。愛国心というと、日本人には、戦前の軍国主義につながるネガティブなものと映っているのかもしれない。そのバイアスで中国の愛国主義を見て、懸念している面もあると思う。

しかし、愛国心とは本来、他国を攻撃する軍国主義のような性質のものではないはずだ。先に愛国のいくつものバリエーションをあげたように、他国と仲良くすることもまた愛国主義であり、さまざまな形の愛国の表現方法はある。

日本人に「愛国心はありますか?」と聞くと不思議な顔をされるが、「日本が好きですか?」と聞くと、ほとんどの人が「好きです」と答える。これも愛国心のひとつといっていいのではないかと思う。四季豊かな日本の風土、和を大切にする日本の文化、他国から素直に学ぶことのできる日本人の柔軟性など、日本のよさを大切に思っている人は、愛国心を持った人といってもいいだろう。また、日本の欠点を見つめて、それを改善したいと思っている人も愛国心を持った人といえるだろう。

愛国心とはそのようなものであって、決してネガティブなものではないはずだ。

中国人自身も、「愛国心とは何か」ということをずっと模索してきて、いまだに迷っている。

「古代からの中国固有の文化を守り抜きたい。しかし、国を発展させるためには外国の進んだ文化を受け入れなければならない」と矛盾を抱えながら、何が愛国かを考えつづけている。ひとつの答えはまだ見つかっていない。そんな茫漠《ぼうばく》と不安のなかで、過激な反日暴動を起こしてしまう人々もいる。

一例をあげれば、中国共産主義青年団（共青団）中央網路（インターネット）影視中心と宝徳網路公司が共同で、抗日をテーマにしたオンラインゲームの開発を進めているとの情報もある。ここにも愛国心の高揚が意図されているはずだ。

ただ、インターネット上には健全な意見も出てきている。最近になって出はじめたのが「愛国賊」という言葉だ。暴動などの過激な愛国を示す人たちは賊とみなされ、「愛国賊」と手厳しく批判されている。「彼らは、ほんとうの愛国の目的からはずれてしまっている」という意見がいくつも湧き上がってきたのだ。

日本では「反日デモ」と表現されていたが、じつは中国のマスコミの多くは「渉日デモ」「対日デモ」と報道しており、中国ではおなじみの「抗日」という表記はあまり使われていない。これも事件を冷静に見つめようとする姿勢といえるのではないか。

このように、自分たちにとって何が愛国なのか、中国国内でもさまざまな議論が出てきている。

中国人も、日本人も、大きな課題として「愛国心とは何か」をもう一度、考えなおすべき時期に来ているのではないかと思う。

岳飛に向かってひざまずく秦檜夫婦の像
（杭州・岳王廟）

第2章

中国人にとって「歴史」とは判例集

中国を理解するキーワード「歴史」

日中のズレが起こるわけ

日本人と中国人は、顔つきも似ており、文化的にもよく似ている。言葉も、漢字という同じ文字を使っている。それゆえ、「日本人と中国人は、同じような考え方をしており、容易にわかりあえるはずだ」と多くの人が思い込んでいるようだ。

にもかかわらず、日本人から見ると、中国人はしつこいほど靖国問題、歴史問題を持ち出すので、「中国人は何を考えているのかよくわからない」という気持ちになっている人が、いま多いと思う。逆に中国人から見ると、「日本人は口では反省しているというけれども、ほんとうに反省しているのかどうか疑わしい。やっぱり、日本人はよくわからない」ということになる。

私はまだまだ勉強が足りないと承知しながらも、幸いなことに両方の文化を見てきたが、その私から見ると、日本人と中国人とでは発想方法が違っている。思考の回路が違っている。

それが顕著に現れているのが「歴史」という概念に関するものだ。言葉の背景には文化がある。同じ文字を使っていても、背景が違っていれば意味するものも違ってくる。「歴史」

という言葉も、日中ではニュアンスが違っているのだ。

日中間には、政治的主張の違いや価値観の違い、国家意識の違いがあるが、同時に、文化も違っていることをよく認識すべきだろう。同じような東洋文化に見えながら、中身は違うところがある。

中国の指導者は日本の文化的背景をよく知らないので、日本の首相が使った表現を中国的な文化背景で理解する。一方、日本の首相も中国的な文化背景を理解せず、中国の指導者の発言を日本的な文化背景によって理解してしまう。そうすると当然、お互いが頭にきて、不愉快な結末となってしまう。

お互いに「違い」をわかったうえでつきあっていかないと、無用な軋轢《あつれき》を生む。

中国人にとって「歴史」は「過去」ではなく「現在」

日本人にとって「歴史」とは、どんなイメージを持つものだろうか。多くの人にとって歴史や古典は、あくまでも教養という位置づけなのではないだろうか。

しかし中国人にとっては、歴史は、生きるためのマニュアルのような存在としてとらえられている。歴史は過去の出来事ではなく、すべて現在と密接なかかわりを持つものとして受け止められているのだ。何か問題が起こると、すぐに歴史を紐解き、そこから解決の知恵を見出そうとする。現在の事象を説明するときには、過去に似たような事例がなかったかを探してきて、それを参考にする。いわば、事例集・判例集といってもいいような位置づけなのである。

中国人どうしが相手を説得するときには、歴史上の偉人の言葉を探してくることが多いし、教育現場でも、歴史上の聖人君子などがモデルとされ、教育が行われる。生き方に迷ったときに、歴史上の人物をモデルにしようとする人も多い。歴史は、人格形成のためのひとつの薬でもある。何事も歴史をものさしにしている。

中国人にとっては、歴史は過ぎ去った過去の出来事ではなく、現在を生きるためのモデルであり、知恵であり、マニュアルなのである。

中国人はよく「歴史を鑑にする」という言葉を用いるが、それは、歴史をマニュアルとして使っているということである。江沢民《こうたくみん》前国家主席が、来日中に「歴史を鑑にする」と発言したときに、日本人は政治的な意図をこめてそのような発言をしたと思ったかもしれないが、日本に対してわざとそういったと思った中国人はいなかったと思う。「歴史を鑑にする」という言葉は、あの世代の人のふつうの会話にしょっちゅう出てくるフレーズだからだ。

歴史を勉強するとき、日本人のなかには「歴史など知らなくても、十分に生きていける」と思っている人が少なくないと思う。しかし中国人は、「よりよい人生を生きるためには、歴史という事例集をしっかりと学ぶべきだ」と思っている。歴史は「過去」のものではなく、「現在」に活かすべきものなのだ。それが中国的な考え方である。

中国人は「歴史的に見れば」を好み、日本人は「国際的に見れば」を好む

中国人の会話には、よく「従歴史的観点看」という表現が出てくる。日本人が訳すと、「歴史的観点から看れば」「歴史的に見れば」ということになると思う。しかし、この表現をもっとも近い日本語に訳すとすれば、「さあ、始めましょう」というような言葉になる。そのくらい中国人にとって、物事を歴史問題から語りはじめることは当たり前のことなのである。

その典型的な例が、『三国志演義』だ。『三国志演義』では、戦うときに両方の将軍が出ていく。そして、まず最初に「私の家は、こうこうで……」と系譜を述べる。相手も同じような系譜を長々と話してから戦いはじめる。本来、このような自家の歴史くらべをする必要などまったくない。中国人の私から見ても、なぜ早く戦わないのかと思うほどだ。意味がある

かないかという次元の問題ではなく、中国における習慣のようなものなのだ。

この習慣は現在でも続いている。たとえば人を紹介するときには、その人の家柄から伝えはじめる。ある大学の教授の出張日程表には、訪問対象が○○のご子息とまで書かれていたというくらい。韓国人も同じ傾向を持ち、大学の教授会で話題にあげられた人は、その人の出身・家柄が長々と述べられるそうだ。

最近は、欧米文化の影響でやや減ってきたものの、少し前までは、どこでもこの習慣が残っていた。かつて日本の人からよく聞いたのは、「中国人のパーティはとても耐えられない」という感想だった。中国のパーティでは、歴史的なことを長々と述べる人が多く、いつまで経っても挨拶が終わらないからだ。

現代の日常会話にも、「従歴史的観点看」「有史以来」という言葉が決まり文句のように登場する。文章にも、このフレーズが頻繁に出てくる。

それに対して日本人は、「歴史的に見れば」という言葉を使う頻度はとても少ない。その代わりに、日本人は「欧米では」とか「国際的に見れば」というような言い方が好きだ。

ここに、日本人と中国人の考え方の違いがよく現れている。中国人は「タテ」の視点で物事を見るのが得意で、日本人は「ヨコ」の視点で物事を見るのが得意な民族なのだ。日本人は空間的に広い視野を持っており、中国人は時間的に垂直の視野を持っているともいえるだろう。

日本人の持つ空間的に幅広い視野が、つねに時代の最先端の国から学び、急速に日本が発展を遂げてきた原動力ではないかと思う。日本は外国を見て、優れた国から学び、学んだものを昇華《しょうか》させていくことが得意な国だ。古くは中国に学び、近代以降はイギリス、ドイツ、アメリカなど、さまざまな外国のよいところを次々と吸収して、発展してきた。一方、中国はヨコの視点で物事を見ることがうまくできず、他国から学ぶことが得意ではないため、近代以降、発展が遅れてきた。

その代わりに、中国は時間軸の視野を持っている。中国人が物事を考えるときは、百年単位というふうに垂直に見ている。教育の大切さを「百年樹人」というし、「百年の計」ということわざもある。日本はかつて「人生五十年」といわれていたが、中国では「人生百年」という。古いことにこだわりすぎる面はあるけれども、未来に関しても、長期的な視点で戦略を設計できる長所を持っている。近未来ばかりでなく、長期的未来も、中国人の視野のなかには存在する。

問題解決法を歴史に見出す中国人

日本と中国では、問題解決法を探るときにも違いがある。日本では問題が起こると、外国の事例に問題解決法を見出そうとする。「アメリカでは、同様の問題が起こったときにこう解決した」「ヨーロッパではこう解決した」という事例を参考にすることが多いと思う。あるいは、欧米的な定量的な分析手法を使うだろう。

中国では、過去に問題解決法を見つけようとする。過去の似たような事例をすべて出して、そのときにはどう解決したのか、その処理によってどんな結果が得られたのか、それらを分析して現在のことを処理する。法律家が判決を下すときに、過去の判例を見て問題処理をするのと同じやり方をするのだ。そのときに、「孔子はこのように述べている」「孟子はこう述べている」という過去の教えも参考にされる。現代では、毛沢東や鄧小平の発言が引用されることも当然ながら多い。

問題解決法を外国に求める日本人と、問題解決法を歴史に求める中国人の発想法の違いがここにあると思う。これも、タテとヨコの発想の違いだろう。

歴史を重視するのは、歴史が長い国の特徴？

中国がこれほど「歴史」に重点を置くのは、中国が歴史の長い国だからだ。四大文明発祥の地であり、世界のリーダーであった唐王朝をはじめ、輝かしい歴史がある。それらの歴史に対する誇りを非常に強く持っている。そのため、中国人にとって「歴史」という言葉は、格別の意味を持った言葉なのだ。中国人にとっての「歴史」は、大好きな言葉であるし、話をするときにも歴史から話しはじめることが多い。

もしかすると、これは、長い歴史を持った国に共通していることなのかもしれない。かつて私がインド人の教授と話をしたとき、彼は中国人以上に長々と歴史から話しはじめた。大演説が始まり、まるでオペラ歌手にでもなったような流暢《りゅうちょう》な面持ちで歴史を語りはじめた。歴史を長々と語る中国人から見ても、うんざりするほどだった。

これだけの例で一般化することはもちろんできないが、アメリカ人があまり歴史のことを語らないことからすると、歴史の長い国に共通の特徴ではないかと感じたものだ。

もしかすると、歴史の長い国々のインテリ層は、歴史を重視し、歴史を語りたがる傾向を持っているのかもしれない。

対症療法より体質改善を考える中国的発想

歴史を重視するということは、別の視点からいうと、どのような現象もすべて過去とのつながりで有機的に見るということだ。「なぜ、それが起こったのか」をつねに追求しようとする。物事には原因があり、それを解決しないと、抜本的に問題は解決しないと考えているのだ。西洋医学的な対症療法のようなものを中国人はあまり好まない。体質改善、抜本的な問題解決を求めようとする。ここにも、日中間ですれ違いが起こる原因がある。

四月の反日デモのあと、町村信孝外相は、公式の謝罪と大使館の割られたガラス窓などの損害賠償、再発防止など、事件に対しての厳正な対処を求めた。それに対して中国の李肇星《りちょうせい》外相は、断固として謝罪を口にせず、歴史問題を持ち出した。日本側が事件に対する対症療法を求めたのに対し、中国側は「なぜ、それが起こったのか」という根っこの部分の治療を日本に求めたといえるだろう。これでは議論はかみあうはずがないが、どちらの主張も、その国の文化的背景から出てきたものだ。

歴史的視点から見る中国人には、今回の出来事は一瞬の事象であり、枝葉にしか見えていない。しかも、その枝葉は、すべて根につながっているという考え方をしている。部分的なことよりも、根をいちばん重視するのが中国の発想である。

反日デモを枝葉とすると、幹の部分には中国での「反日・愛国教育」があるのかもしれないが、その「反日・愛国教育」という幹に養分を送っている根には、日本の中国侵略があるというのが中国人の考えだ。

日中国交回復のときに、「戦争を引き起こしたのは日本の一部の軍国主義者であり、多くの国民は犠牲者だ」という中国首脳の説得に国民は一応納得した。根の部分は掘り返さないと両国で合意したつもりだった。しかし、侵略戦争を主導したA級戦犯を日本の首相が参拝することによって、再び根を掘り返されたと中国人は感じている。そのため、もう一度、根の部分を文字どおり根本治療しないかぎり、この問題は解決しないと中国側は考えているのだ。

一方、日本のほうは、根本治療ではなく、今回の事象についての対症療法を求めた。国際的基準から見ても、一般論として、今回の反日デモは問題であると考えた。時間軸でとらえず、ヨコの視点でとらえているのだ。

ヨコの視点から解決策を求めた日本と、タテの視点から解決策を求めた中国では議論がすれ違いになってしまうのは、決して不思議なことではない。

九百年も恨まれつづける秦檜とその子孫

日本では、亡くなった人は善人も罪人もみな仏様になるという考えがある。生前に罪を犯した人でも、亡くなってしまったら、あえて死者に鞭を打つようなことはしない。そうした精神性から、靖国神社に合祀《ごうし》されているA級戦犯についても、「すでに亡くなっていて、仏様になっているのだから、許してあげてはどうか。中国の人にも許してもらえないだろうか」という考え方もあるだろう。

ところが、現代中国人には、死後の平等、死者はみな仏や神になるという発想はないのだ。こうした考え方が理解できない。中国では、いったん悪人とみなされると、未来永劫《えいごう》にわたってずっと悪人とみなされる傾向がある。しかも、その子孫まで連座されてしまうのだ。

その例が、南宋時代の秦檜だ。岳飛がいまでも中国人にとって英雄であり、愛国者モデルとされるのに対し、秦檜は現在でも、国を売った極悪人として庶民から恨まれている。浙江《せっこう》省杭州にある岳飛廟（岳王廟）は、中国の人気観光スポットのひとつだが、岳飛の墓に向かって中腰のスタイルで上半身裸でひざまずく秦檜夫婦の像がある。いまでも多くの中国人が秦檜の像を棒で叩いたり、つばを吐きかけたりしていく。九百年も前のことなのに、いまなお、多くの中国人が秦檜を恨んでいるのだ。

秦檜には子孫がいる。近年になってその子孫たちが、肩身の狭い思いをしているため、なんとかしてほしいと訴えたが、中国の人々の耳にその願いは届かなかったようだ（『中文導報』二〇〇五年六月十六日付）。

比較的近い過去のことでも水に流すことのできる日本人には考えられないことだろうが、逆の立場からいえば、過去のことを簡単に水に流してしまえる日本人がわからないと中国人は思っている。

おそらく、今後もずっと中国側からはA級戦犯と侵略戦争の問題が持ち出されるはずだ。それについては、日本人は「国民性の違い」「文化の違い」であることもよく理解したうえで、冷静に対応したほうがよいだろうと思う。

中国人は日本の歴史をよく知らない

日本には、中国の歴史についてよく知っている人が多い。殷周時代から現代中国まで、広く知識を持っている日本人は少なくない。なかでも『三国志』や『史記』など、史伝や戦記物はたいへん人気がある。

また、遣隋使、遣唐使の古い時代から、国家の要人たちも中国の事情には非常にくわしかった。その伝統が続いており、日本人は中国の歴史をよく知っている。

一方、一般の中国人はどうかというと、彼らは日本の歴史についてほとんど知らない。日本のほうは遣隋使、遣唐使時代以前から、中国とずっとつきあってきたという認識があるかもしれないが、中国から見ると、隋、唐の時代から日本とつきあってきたという認識を持っていた人々は少なかった。昔の中国には、自分たちが世界の中心であるという考え方があるから、周辺国や日本のことについての記録が少なかった。さらに、字の読めない中国人が多かった。そのため近代になるまでは、ふだんから日本という国をそんなに意識しなかったはずだ。

ところが近代になって、多くの中国人は日本という国を知るようになった。多くの中国人にとっての日本という国の歴史は、そこからスタートしているのだ。近代以降の歴史では、中国人は軍事的侵略など、日本の悪い面を知ることになる。一部の知識人は、日本のすばらしい面も知っていただろうが、大半の中国農民にとっては、突然侵略してきた国という認識しかないだろう。中国人にとっての日本のイメージがここで特徴づけられた。

中国人の頭の中に「日本」という概念がはじめて入ってきたときの印象は、軍事大国・侵略者としての日本だったのだ。その最初のイメージを中国人が完全にぬぐい去ることは難しい。

一千年以上も前から「中国」（呼び名は時代ごとに違うが）という国の存在を知っていて、その歴史を学んできた日本人と、百年くらい前にはじめて「日本」という国が目の前に飛び出してきて、そこから日本の歴史を学びはじめた中国人とでは、認識に大きなズレがあるのは仕方がないことかもしれない。

「日本は中国の歴史をきちんと教えているのに、中国では近代以降の日本についてしか教えていない。近代以降のウェイトが高すぎる」という批判をよく耳にするが、それは以上のようなことから起こっている。

ただ、戦後の平和国家ニッポンについての教育が少ないという指摘があり、これは今後の大きな課題のひとつだろう。こちらに関しては、また別の理由がある。簡単にいえば、戦後の中国共産党は冷戦体制のもとで、ソ連をモデルとしたため、ソ連については教えたが、アメリカや日本については、遠距離で眺めただけだった。敵陣営のことなど、教える必要はなかったということだろう。だが、国交正常化以後は状況が変わった。

以上のような理由から、中国での日本についての歴史教育は、近代から戦前までにウェイトが置かれる結果となってしまっている。

ちなみに現在の日本の政局に関しては、中国人は高い関心を示しているようで、よく知っていると自分でも考えている人が多いようだ。株式会社サーチナのインターネット調査（二〇〇五年八月十日～十一日、有効回答数三〇九九）によると、参院本会議での郵政民営化法案否決による衆院解散・総選挙実施について、「詳細な経緯にいたるまでよく知っている」「だいたいの経緯は知っている」と答えた人の合計は六八・八パーセントと、じつに七割近かった。

いちばん厄介なのは民衆の歴史観

歴史が語られるとき、たいていは統治者の視点に立った歴史観で書かれた歴史が教えられるが、統治者たちは、自分たちに都合よく歴史を書き換えていることが少なくない。日本では中国の歴史について学ぶとき、中国の歴代王朝の歴史を中心に学んでいるのではないかと思う。しかし、王朝の歴史を学んでも、一般の中国人の生活と考え方は理解できていないところがあると思う。

皇帝や為政者たちの考え方や行いも中国のひとつの側面ではあるが、その一方で、民衆には民衆の文化と考え方がある。為政者から思想的な弾圧を受けたりすれば、それに従わざるをえないこともあるが、しかし、その底流では、民衆たちは連綿と自分たちの文化や昔ながらの思考を引き継いできている。

古来、日本人が知っている中国というのは、ほとんどは文献による知識、活字上の知識であると思う。それらは、統治者の側が記述したものが大半だろう。そこには民衆の発想法はあまりくわしく表れてこない。

為政者たちは必ずしも過去の「歴史」を重視するとはかぎらない。過去の歴史を消したい為政者もいる。秦の始皇帝（在位前二四七～前二一〇）の「焚書坑儒《ふんしょこうじゅ》」（前二一三～前二一二）が一例だろう。そういう意味では、中国における「歴史」という言葉の重みは、連綿と文化を受け継いできた民衆側がつくりあげたものもある。

じつは、そこが日本人にとって、厄介《やっかい》な点なのかもしれない。中国で政権が変われば、中国政府は日本の過去を水に流し、許してくれるかもしれない。しかし、民衆は政府の意向どおりには考えてくれない。心の中では、日本が起こした過去にこだわりつづける人が多いのではないかと思う。

中国国民の精神性において、「歴史」はそれほど重いものなのである。中国人が「歴史認識、「歴史認識」としつこく迫るのは、「歴史」というものをとても重く見ているという文化的な背景による。必ずしも日本への政治的圧力のためだけに持ち出しているわけではないことは、知っておいてほしいと思う。

上海の魯迅公園（虹口公園）では、退職した教師たちを中心に自由参加の合唱で9月10日の「教師節」を迎える。愛国的な歌が多い

第3章

文化の力を重んじる中国人

中国を理解するキーワード「徳」

「戦争への反省」は二千年以上も前からいわれていた

中国は日本に対して、執拗に「戦争への反省」を求めている。なぜ、中国人がこれほどまで、この点にこだわるのか。それは、中国人の精神性の根幹そのものに「戦争への反省」があるからだ。中国人の精神の中核は儒教といってもいいが、その儒教は、もともと「戦争への反省」から始まったものである。

中国では、殷、周（西周）王朝ののち、非常に長い間にわたって戦乱の時代が続いた。春秋・戦国時代（紀元前七七〇〜紀元前二二一）と呼ばれるこの時代には、孔子（前五五一［前五五二］〜前四七九）、孟子（前三七二〜前二八九、一説には前三九〇〜前三〇五）など、たくさんの思想家が生まれ、諸子百家と呼ばれている。じつは彼ら思想家たちは、みな同じテーマを論じている。方法論は違うけれども、テーマはいずれも「国家の統一と平和」なのである。

混乱の春秋・戦国時代は五百五十年間も続き、だれもがもうこれ以上は戦争の悲惨さを味わいたくなかった。国家の統一と平和を強く求めたのは、春秋・戦国時代への反省なのである。諸子百家たちの根本にあるのは、いずれも「戦争への深い反省」だった。

以来、中国では「武力行使というのは非常に野蛮なことであって、覇道による国土の拡張は避けなければならない」という考え方が根強く浸透するようになった。これが孟子の説いた「王道」「仁政」という政治手法である。武力行使に対して徹底的に抵抗し、反対する思想だ。また、老子（前五世紀ごろ）は「勝っても美しくない」と述べて暴力・暴道という手法を否定した。こうして春秋・戦国時代に、武力の否定という枠組みがすでにできあがっていた。

「戦争への反省」は、戦後になって日本に突如いいだしたものではなく、二千年以上もさかのぼる聖人君子たちがその起源なのである。

では、武力の代わりに何を国の根幹にするのか。それが「徳」である。孟子は、孔子たちの考え方を受け継いで、国の安定・平和・安全保障のために、人徳が必要だと主張した。国を治め、民心を治めていくための最高の道具であり、目標であり、理念であり、方法論が「徳」であった。

とはいえ、「徳」というのは非常に抽象的な概念であって難しい。徳を何で測るのかということについて、中国人たちの間ではいまなおさまざまな議論があるが、「仁・義・礼・智・信」を持つことが「徳」の条件とされることが一般的である。

中国人にとって最大の侮辱は「あなたは徳が欠けている」

「徳」に高い価値観を置く中国人にとって、「あなたは徳が欠けている」といわれることが最大の人格否定となる。日本では人格を判断するときに、「やさしい」とか「人に親切」とか「いい人」というような観点が用いられているようだが、中国では「徳があるかないか」が大きな判断基準となる。「仁・義・礼・智・信」を備えることが中国人にとっての最高の理想なのだ。徳には、国への孝である愛国心も含まれる。

中国では、能力を持つことと徳を持つことがセットになってはじめて、人から評価される。もちろん、能力よりも徳のほうが上にくる。第1章の冒頭で紹介したNBAのスーパースター姚明選手も、徳を備えているとみなされなければ中国人はだれも認めなかっただろう。単にバスケットボールがきわめて上手だというだけでは、評価しない国民性なのだ。

中国は、キリスト教のような宗教とはまったく縁のないかたちで倫理道徳を確立した、特異な国といえるのではないか。

徳に対する二千年以上も前の教えが、現在にいたるまで中国国民の心に浸透しているのは、そのほとんどが格言になっているからだ。昔、大半の人は文字が読めなかったけれども、口承で言い伝えられてきたから、みな徳の大切さを知っている。たとえば、「士は己を知るもののに死す」などがある。生きる知恵として、精神に刻み込んできたのである。

「尚武」ではなく「尚文」が基本精神

中国では、皇帝にはとくに高い「徳」が求められる。国を治める方法は「徳治」が理想とされる。そのため、武力による統治ではなく、文化による統治が伝統となっている。これは「文治」といわれることもある。

歴代王朝は、文治の方法をいつも考えてきた。科挙制度（五九八～一九〇五）が導入されたのも、文治のためであるし、文化政策が重視されるのも、やはり文治のためである。

中国がこれほど文化のソフトパワーを重視するのは、かつてそれによって成功したことが多かったからだ。外国と戦うときは武力を用いざるをえなかったけれども、国内においては軍事力を強化し武力で国を治めようとした場合よりも、文化を発展させ、徳によって国を治めようとした場合のほうが、うまく国が治まったケースが多い。

「尚武《しょうぶ》」よりも「尚文」のほうが成功したという経験から、さらに、儒教に基づいた「意」の教えが主流教育のため、文化のソフトパワーを重視することが中国の伝統的な考え方になっていった。

政治システムにおいても、各王朝の創設までは将軍が力を持っているけれども、王朝ができてしまうと、武官よりも文官のほうが上に位置づけられる。中国においては、国を治める方法論は、あくまでも「文治」と「徳治」によるものなのである。

また、国際政治で近隣諸国との関係処理を図るときにも、「徳」をもって事にあたらなければならないと考える。敵国から脅威にさらされている場合には戦うべきだが、それ以外は、他国を武力で侵略すべきではないとされる。

国内政治も国際政治も、「徳」によって行う「王道」が求められている。

二〇〇三年の中国共産党第一六期中央委員会第三回全体会議（三中全会）では、「以人為本（人本主義）を堅持し、全面的、協調的、持続可能な発展観を樹立する」という要求が提出された。これは春秋・戦国時代の管子《かんし》の「以人為本（人を以って本と為す）」から来ている言葉だ。

中国では、いつも倫理道徳が前面に出てくる。中国の政治は大義名分としてすべて「徳」という言葉に集約されているといってもいいのだ。「徳」の理念はいまでもまったく変わっていない。同大会以降、「以人為本」という言葉が中国のマスコミには頻繁に登場するようになった。現在の中国におけるキーワードのひとつだ。「徳」の考え方を理解したうえで、中国に対応したほうがいいと思う。

自然を天意と考えてきた

古代から中国人は、自然の恵みに感謝し、ときには自然の怒りに触れて、自然を畏《おそ》れながら生きてきた。日本のおだやかな河川では想像できないことだが、黄河は何度となく大氾濫を起こして人々を苦しめた。ただ逆に、その黄河のおかげで作物が実り、生活を営めるという側面もあった。そのようなことから、中国人は天の意思によって自分たちの生活が営めるのだという考え方を育んできた。

それゆえ中国人の考え方のなかで、いちばん上位にくるのは「天意」なのである。ときにはそれが人格化されて「上帝」といわれることもある。その天意を受けて国を治めるのが、天の子とみなされる天子である。天子は、天に代わって国家を治める代行者としての位置づけなのだ。

後世になると、天意というのは、文字どおりの自然の意ではなく、民衆の世論ということになっていく。民衆の世論が天意であり、民衆の意を受けて国を治める代行者が天子である。

天子は、天意に基づいて、「徳」をもって国を治めなければならない。天子に「徳」がない場合には、天意によって、民衆が天子を辞めさせる権利を持っているとまで考えられている国である。この考え方が、いまでも生きつづけている。

民衆は統治者を倒してもよい

県立長崎シーボルト大学国際情報学部教授の横山宏章氏は、著書『中華思想と現代中国』（集英社新書、二〇〇二年）のなかで、孟子の一節「民を貴しと為し、社稷《しゃしょく》之れに次ぐ」をあげて、次のように述べている。


「社稷とは国家の意味で、人民がいるから国家が生まれ、国家を統治する君主がいる。軽重を問えば、民が最も貴いのだ。もともと、中国では天子は民のなかから一番優秀な正人君子が選ばれるのであって、民があってその上に皇帝が存在する。

ところが日本は中国と違って、天皇は万世一系で、民の中から選ばれるわけではない。『民を貴し』とする中国と、天皇が絶対的に貴い日本とでは大きな違いがある」

私も、まったくこのとおりではないかと思う。日本のことは、私にはうかがいしれない部分があるが、少なくとも古来から中国人民にとっては、「民が最も貴い」という考えが浸透していることは確かだ。

日本では、民衆が蜂起して自分が天皇に取って代わるなど、天皇家に対して非常に畏れ多い発想以外の何物でもないだろう。しかし中国では、皇帝が悪政を働いたら、民衆は皇帝を倒して、自分たちのなかから新たな皇帝を立てようとしてきた。日本では、天皇に叛旗《はんき》を翻せば「逆賊」になるだろうが、中国では悪い皇帝に叛旗を翻しても、それが国を思い、民衆を思うゆえのことであれば、「正しいことだ」とされる。それらは民に授けられた特権だと思っている人が多い。民を苦しめる皇帝は、交代すべき皇帝だとみなすのである。

愛国無罪の背景には革命思想もある

中国には「民は食を天となす」という言葉があり、皇帝は「天意」に基づいて、民衆の生活をよくするための政治をしなければならないと民衆は考えている。皇帝が絶対なのではなく、天意が絶対なのである。そのため皇帝が天意に沿わない政治をしたと感じたときには、皇帝を倒してでも、天意を満たしてくれる人を新しい指導者に担ぎ出そうとする。

これは国を思っての行為であって、「皇帝に逆らったから愛国心がない」という考え方は民衆にはない。むしろ皇帝の交代を迫ることは愛国行為のひとつとされる。

民はよい生活をする権利をみな持っており、それを実現するのが天意を受けた皇帝であるという考え方があるから、中国の民はときには暴動を起こす。もちろんこれは、皇帝側から見て「暴動」ということであって、民衆からすれば「革命」である。人民史観から見ると、革命的な暴動は農民の「起義」「義挙」という表現になる。

もともと中国には革命思想がある。革命とは「天命を革《あらた》める」という意味である。『易経』(前七〇〇年ごろ成立)では物事は循環するという考え方があり、それは自然現象だけではなく、皇帝にも当てはまる。天から見放された皇帝は代わるのが当然なのである。それは皇帝の姓にも当てはまり、万世一系である必要はない。皇帝が交代することは「易姓革命」と呼ばれる。

皇帝が自分たちの食を満たしてくれない場合には、それは皇帝が天意に背いており、皇帝に徳がないことであるから、交代を求めて暴動が起こる。中国では歴史的に見ても、暴動は日常茶飯事だった。したがって現在の中国人も、多少はそうした感覚でデモ行為を見ている。

デモ行為は、外国の人から見ると、一大「事件」となるが、中国人にとっては日常現象のひとつであり、単なる「事象」のひとつにすぎない。彼らは激しい表現に慣れているのだ。

今回の反日デモに関しても、「ああ、またやっているな」という感覚である。デモでは「愛国無罪」が叫ばれていたが、第1章で見た「愛国無罪」という言葉が生まれる以前から、「国を愛するがゆえに起こした行動は、時の皇帝や政権に逆らうことであっても構わない」という土壌が中国にはあった。

ソフトパワーを重視しすぎて行き詰まることも

「徳」を根本とした文治主義は、現代的な言葉にいいかえれば、ソフトパワーを活かすということだろう。しかし、あまりにもソフトパワーを活かしすぎたために、中国ではたびたび行き詰まることもあった。

清朝末期にいたるまで、中国には科挙制度が残っていた。科挙の試験内容は詩や散文の試験が中心である。科挙は徳による文治を強調する土壌の下に、自然に発生してきた試験制度だ。この試験に合格できるエリートは、詩や散文の素養を持った文化人たちだけである。

たとえば王維《おうい》（七〇一～七六一、一説には六九九～七五九）や白居易《はくきょい》（七七二～八四六）や韓《かん》愈《ゆ》（七六八～八二四）などが代表的だが、彼らは大詩人とはいえ、国を治める能力がどのくらいあるかは疑問に思えなくもない。しかし、そういう文化人たちが、科挙に合格すると高級官僚になる。

文才や詩歌の素養のある人間だけを集めて、国を治められるはずはない。歴代王朝が何度も行き詰まったのは、文化人だけを優遇しすぎた官僚機構にも問題があったと考えられる。文化を重んじる各王朝では、武官よりも文官を上に位置づけてきた。中央政府から各地方を治めるために派遣された長官も、ほとんどが文官だった。中国では、「武」よりも「文」のほうが上だという伝統があり、それが強みでもあり、行きすぎると弱みにもなってきた。

中国人がなりたい職業

中国の「尚文」を表す一例がある。総合地球環境学研究所・研究部助教授の鄭躍軍氏らが二〇〇三年二月～三月に中国・杭州市と昆明市の十八歳以上の市民を対象に実施した生活文化意識調査（回答者数――杭州市九一一名、昆明市一〇一八名）には、次のようなものがある。

「あなたがいちばん尊敬する職業は何ですか？」「では、ご自身が実際に就きたいと思う職業

中国人の意識調査①

Q：あなたがいちばん尊敬する職業は何ですか？(自由回答)

(単位：人)

		2市合計	杭州市	昆明市
1	教師	406	157	249
2	医者	173	67	106
3	科学者	61	27	34
4	軍人	40	15	25
5	公務員	28	15	13
5	弁護士	28	10	18
7	警察官	21	5	16

(いずれも複数回答は除く)

Q：あなたが実際に就きたいと思う職業は何ですか？(自由回答)

(単位：人)

		2市合計	杭州市	昆明市
1	教師	196	78	118
2	医者	138	41	97
3	公務員	45	23	22
4	自由業	37	12	25
5	弁護士	32	13	19
6	軍人	31	8	23
7	警察官	28	8	20
8	経営者	22	12	10
9	科学者	16	5	11

(いずれも複数回答は除く)

鄭躍軍編『日本・中国の国民性比較のための基礎研究』(総合地球環境学研究所、2005年3月)をもとに作成は何ですか?」。

この二つの質問に対する回答は、日本とは大きな違いがあるのではないだろうか。

中国では、尊敬する職業のトップは教師となっている。なりたい職業のトップも教師である。中国人にとっては公務員よりも、軍人よりも、ビジネスマンよりも、教師が高い価値を持ち、教師が憧れの職業なのである。これも、古来からの「尚文」の考えに由来しているといえるだろう。

靖国参拝に反対する民衆の真の理由

近代の日中関係では、中国は日本に対して長い間、抗日活動を行ってきた。そして、戦後に社会主義中国が成立してからは、ソ連側の中国はアメリカ側の日本を敵陣営とみなしてきた。そのように敵として見てきた日本に対して、一九七二年に突然、降って湧いたように日中国交回復がもたらされることになった。

政治的に見れば、中国とアメリカが国交回復を図ろうとしたため、日本も急いで中国と国交回復をしなければならなくなったと説明がつく。

しかし中国国民にとっては、何の準備もないところに、突然、上から降ってきたのだ。ずっと「日本帝国主義」と教えられてきた日本という国との国交回復には、国民は大いに矛盾を感じていた。周恩来首相はそういう中国人の心境をだれよりもわかっていて、「戦争は日本の一部の軍国主義者の罪であって、日本国民は中国人民と同じ被害者である」といって、一所懸命に説得を試みた（拙著『〈意〉の文化と〈情〉の文化』中公叢書、二〇〇四年十月）。

戦争で多大な被害が発生している以上、だれにも責任がないというわけにはいかない。だれかが結果責任を持たなければならない。その罪を負ったのがA級戦犯であり、「A級戦犯にのみ責任がある」という説得を中国の国民は受け入れるしかなかった。

近代日本の顔しか知らない中国人にとっては、日本の顔は決して美人には映っていない。その美人でない人をお嫁さんに迎えるときに、中国人は抵抗感を感じた。一所懸命に乗り越えようとしたけれども、心のどこかに引っかかるものが残った。

それでも、どうしてもそのお嫁さんを迎えなければならないとき、どうすればいいのか。お嫁さんの実家には財産がある。「財産を持ってきてくれるなら、結婚しましょう」という人もいたし、「いや、私は財産は要りません。イヤな人とは結婚できません」という人もいた。そんなさまざまな葛藤がありながらも、多くの国民は「戦争はA級戦犯の罪であって、日本国民は中国人民と同じ被害者である」とまじめに信じた。

このときに持ち出されたのも「徳」の考え方である。戦後、「以徳報恨（怨みに報いるに徳を以ってす）」といって戦争賠償を求めなかった蔣介石に倣《なら》って、戦争賠償も放棄した。まさしく老子の理念と手法だった。

また中国の人たちは、日本人の残留孤児も引き受けた。これも憐れみの「徳」という理念に基づいたやり方だ。労働力確保というねらいを持った人がいたのは事実だが、それでも、多くの中国人父母が、敵国人だった日本人の残留孤児を温かく育てた。二千年以来変わらない、孟子の「惻隠《そくいん》の心は仁の端」の基本によるものだ。中国人が理想とする対人関係の手法をこのときに発揮したのである。

中国政府が、戦争責任に関してはA級戦犯の罪であるとして、国民を諭した経緯があるだけに、A級戦犯を合祀する靖国神社への首相参拝は、国交回復の際に国民を説得した唯一の根拠を覆すことになる。そのため、中国側は靖国神社参拝に頑《かたく》なに抵抗するのである。

そして残留孤児を育てるなど、「徳」をもって友好関係を築こうとした気持ちを傷つけられたことに、多くの中国人は悲しみと反発を覚えているのだろう。中国人にとって、「徳」という最高価値は、絶対に傷つけられたくない存在とされているのだ。

ある将軍と日本人孤児の物語

二〇〇五年は、中国にとって抗日戦争勝利六十周年の年にあたる。そのため日本では、「中国のメディアで、愛国キャンペーン、反日キャンペーンが盛んに行われている」という報道が多い。たしかに、戦争被害についての報道が行われていることも事実ではあるけれども、それは事実の半面でしかない。先の戦争と日本に関係する内容が、さまざまな角度から取り上げられているというのがほんとうのところだ。

二〇〇五年七月四日付『人民日報・海外版』には、中国のある将軍と日本人孤児との温かいエピソードが紹介されている。

一九四〇年八月、戦火の中国で、幼い日本人姉妹が取り残されているという情報が中国の将軍・聶栄臻《じょうえいしん》（一八九九〜一九九二）の耳に入った。将軍は、幼い姉妹のところに向かうと、その子たちを救い、日本軍の駐留所まで届けた。彼女たちは日本軍によって祖国に送り届けられ、宮崎県の祖父母のもとで育てられた。

それから四十年が過ぎた一九八〇年、かの将軍は『人民日報』にひとつの手記を投稿した。

「あの少女たちは無事だったのだろうか？　元気でいるのだろうか？」

四十年間ずっと気にかけていた最大の懸案だった。

その記事が日本にも伝わり、その少女たちの消息が明らかになった。妹は残念ながら、幼いときに消化不良で亡くなったそうだが、姉の美穂子さんは日本で元気に暮らしていた。それから、美穂子さんと将軍との交流が始まった。美穂子さんも将軍に感謝の気持ちを抱きつづけていたのである。

美穂子さんは、二〇〇二年に将軍に救われた思い出の地・河北省井陘《せいけい》県を再訪した。そして、日中の交流はしだいに広がり、現在では、美穂子さんの子どもと将軍のいた村の人々との交流にまで発展している。

その村の小学校では、美穂子さんを記念して毎年一〇名に奨学金が提供されている。将軍と美穂子さんの彫像も建てられ、二〇〇五年八月には、日中共同出資によって記念館も設立された。八月二十日には、日中両国共催の日中平和交流北京大会に参加するために美穂子さんが北京を訪ね、将軍の娘さんにも会ったという（『人民日報・海外版』二〇〇五年八月二十五日付）。

このエピソードは、中国人が大切にする「徳」を表しているものであり、中国人将軍が戦火のなかで徳を発揮しただけでなく、その後四十年以上も、温かい気持ちを持ちつづけたことを称えるものだろう。と同時に、日本人女性が、幼いころに受けた恩であってもずっと忘れずにいて、「感謝」の気持ちを持ちつづけていることを称えるエピソードでもあるはずだ。

アヘンを没収してイギリスに抵抗した英雄・林則徐を偲び、広東省莞市で麻薬を焼却するセレモニーが行われた（1997年6月3日、AFP＝時事）

第4章

敵と味方を分かつもの

中国を理解するキーワード「中華」

異民族でも「中華」とみなされる

『日本国語大辞典・第二版』(小学館)によれば、「中華」とは次のように記されている。

「(「華」は文化が進んでいるの義)世界の中央にあって最も文化の進んでいる国の意。特に、黄河流域に古代文明を築いた漢民族が周辺諸民族を東夷(とうい)・西戎(せいじゅう)・南蛮(なんばん)・北狄(ほくてき)と呼ぶのに対して、自らを世界の中央にあって最も開化している民族であると自負していった語。またその居住する地域。中国。中夏」

要するに、黄河を中心とした地域に住んでいる民族以外は、みな野蛮な民族であるという発想が中華思想のベースにあるということだろう。

しかし私から見れば、民族という要素はあまり関係がないように思える。中国は現在、五六の民族から成る多民族国家であり、古来から、さまざまな民族が入り混じっている。もっとも人数の多い漢民族を純粋に定義しようと思っても、それは難しい。漢民族であるかどうかという点は、いわばハードウェアの要素であって、それよりも重要なことはソフトウェア、心の要素である。

私は漢文で記載するものを文化として認可し、それに基づいて行動する者はみな中華民族ではないかと考えている。中華民族とは、民族（ハード）で区別されるものではなく、文化（ソフト）で分けられる概念だと思う。

中国古来の文化を大切にしている人は、朝鮮族だろうと、満族だろうと、蒙古族だろうと、中華民族として受け入れられる。反対に、中国古来の文化を大切にしない人は、裏切り者とみなされ、漢族であっても、中華民族とは思ってもらえない。「漢奸《かんかん》」という言葉にそれは象徴される。

「中華」という概念は、「民族」という言葉と結びついて、「中華民族」というイメージでとらえられることが多いが、中国人の実感としては、民族よりも「文化」「文明」という言葉との結びつきのほうが強い。「中華」という概念は、「中華文明」の「中華」と考えてもらったほうが中国人の心情に近い。中国人が誇りに思っているのは、民族そのものよりも、文化である。

中国人が認めたくない元王朝

清王朝の支配者たちは、満族の人だ。しかし、彼らはうまく中国を治めた。中国の人も、うまく治められた。その秘訣は、満族の人が中国古来の伝統的なあり方をよく理解し、ソフトパワーをうまく使ったからだ。

清朝では、いわゆる儒教中心の中国文化を大切にしているし、乾隆帝《けんりゅうてい》（在位一七三五〜九五）のときには、『四庫全書』として中国の古典を収集整理した。清朝に批判的な書は禁書にし、思想弾圧はしたけれども、基本的には、国を治めるために、孟子以来いわれている徳治の理想を理解し、中国古来の文化に対して、一応の尊敬の念を抱いていたのだと思う。実際、満族が治めた中国は最後には崩壊するけれども、非常に長い間うまくいった。

それに対して元王朝の蒙古族は、武力による政治方針をとった。海を渡って日本をも侵略しようとしていたほどである。結果的に日本侵略は成功しなかったけれど、中国国内もうまく治めることはできなかった。

彼らは孟子のいう徳治、王道の政治に反することをやっていたから、中国人の反発はとても強かった。無理やりモンゴル文字を使わせたり、中原《ちゅうげん》の農民に畑をやめさせ草原にさせたり、ゲルに住まわせたりした。文化人弾圧運動もやって、たくさんの中国の文学者、文化人を捕らえて殺した。要するに中華文明を破壊して、自分たちの民族を基準にする文化生活を押しつけたのだ。

これは中華文明を誇りに思っている中国人にとって、もっとも許しがたい行為となる。その結果、元王朝はうまくいかず、いまでも中国人にとっては、元は侵略者とみなされている。

いまの中国人は、清王朝に関しては、そんなに違和感もなく「中華」であるという見方をしている。しかし、元王朝は「中華」ではないと考えている。

これらのことからいえるのは、中国では、人種や民族で区別しないということである。モンゴル人は異民族だから認めないのではなく、モンゴル人は中国古来の文化を認めようとしなかったから、認められないのである。それに対して満族は、中国固有の文化を保護してくれたために、中華と認められている。中華文明に対する態度が敵か味方かを分ける判断基準なのだ。

日本が恨まれるのは文化への侵略とも見られているため

そういう意味では、日本が中国を侵略したときに、中国固有の文化を尊重する統治をしていたら、日本に対する中国人の感情は当然違ったはずだ。

中国には、歴史上、何度も周辺異民族が攻めてきているので、単に攻めてきたというだけなら、それほど恨みを買うこともなかっただろう。攻めたけれどもうまくいかなかったので退却したというのであれば、あまり禍根《かこん》を残さなかったと思う。

ところが侵略をしたうえに、日本語の使用を強要したり、神社を建てたりした。これは中国人から見ると、中華文明を踏みにじり、日本文化で侵略しようとしているように見えた。中国人にとっては許せなかった。領土侵略以上に、文化侵略がここまで問題をこじらせている原因でもある。

中国人は民族にはあまりこだわらないので、日本民族であっても、「郷に入れば郷に従え」というやり方をしていたら、それほど強い抵抗はしなかっただろうし、恨みを引きずることもなかったと思う。

中国人がこだわるのは民族よりも文化

中国という国は、歴史上、さまざまな王朝によって支配されてきた。漢民族の王朝もあったが、異民族による王朝もあった。

元や清以外にも、漢民族以外の王朝はある。隋や唐に関しても、鮮卑《せんぴ》族の王朝ではないかといわれる。しかし、それに関しては、中国人はほとんど気にしていない。漢民族の王朝だろうと、異民族の王朝だろうと、どちらであっても構わないと思っている。

中国は広い国なので、もともと、さまざまな人種が入り乱れている。したがって、「中国は漢民族の国でなければならない」という考え方をしている人は、必ずしも多くはない。漢民族以外の人がリーダーになることに関しても、けっこう大らかなのである。

中国の民衆は、自分たちの歴史的な伝統文化に対して非常に誇りを持ち、愛着を持っている。自分たちの愛する伝統文化、伝統思想を保護してくれるのであれば、そして、天意に基づいて民衆のためになる政治を行ってくれるのであれば、異民族王朝でも構わないとすら思っている人が少なくない。もちろん、漢民族至上主義の人もいるけれども、多くの民衆は、民衆文化を大切にしてくれて、しかも生活面で実利をもたらしてくれるのであれば、人種にこだわらない面がある。そういう点では、中国人は非常に実利的だ。

中華と認めるかどうかは、固有文化保護の姿勢が判断基準となる。中国の伝統文化をある程度は保護した清王朝は「中華」になり、中国古来の文化を保護しなかった元王朝は「侵略者」の位置づけになる。

この基準は、王朝を判断するときだけではなく、個人を判断するときにも使われる。中華文明を重視してくれる人と、中華文明を壊そうとする人では、扱われ方がまったく違ってくる。

戦後、中国人は日本人残留孤児たちを育てたが、幼かった彼らは中国の文化や考え方を素直に身につけた。そのため日本に帰国してからも、中国の両親への親孝行を忘れない人が多い。だから彼らは日本人であっても、中華の一員と考える人が多い。

同じように、国外で永住している華僑たちも、中華文明を捨てないかぎり、彼らも中華の一員とみなされる。しかし彼らが現地文化に染まり、中国文化を否定したとすれば、それは中華への裏切りと判断されてしまうだろう。

「中華」「奸夷」「漢奸」の三分類

中華文明中心の国際秩序と世界観を持つ中国人にとって、もっとも好ましいのは、中国文化を尊重してくれる人である。中国固有の文化を大切にしてくれる人は、中国人の味方として受け入れられる。満族は、清の時代に中国古来の文化を保護してくれたから、彼らは味方であり「中華」なのだ。

それに対して、中国文化を無視して侵略してくる外国勢力は、「敵」となる。元の時代に蒙古族は中華文明を軽視したため、いまでも「敵」とみなされている。古来の言い方では、「夷《い》」「狄《てき》」「戎《じゅう》」である。

アヘン戦争後の清朝の咸豊帝《かんぽうてい》（在位一八五〇～六一）は、一八六〇年八月の文書のなかで、イギリスのことを「夷」という言葉で表現した。中華中心の独りよがりの考え方であるが、「夷」は外国に対する最大の蔑視だ。「奸夷《かんい》」という言い方もする。日本も、日本思想で中国を侵略し、中国古来の文化を軽視したため「奸夷」と見られている。「奸夷」に対しては徹底抗戦しなければならないと考えるのが中華思想だ。

しかし中国人にとって、「敵」よりもさらに憎むべき存在がある。それは「裏切り者」である。モンゴル人も、イギリス人も、日本人も、外国人である以上、中国古来の文化がわからなくても、ある意味で仕方のないことだ。しかし、中国文化についてよく知りながら、中国文化を裏切る人は、漢民族であろうと憎むべき存在となる。これらの人は、「漢奸」というもっとも蔑《さげす》まれた用語で呼ばれている。漢に矛を向けた人間として、侵略者よりも、さらに憎まれている。

金の侵略に抗戦した岳飛を殺したとして秦檜が、抗日運動が盛んなころに日本との妥協を図ったとして政治家・汪兆銘《おうちょうめい》（一八八三～一九四四）が、屈辱的な下関条約に調印したとして李鴻章が、代表的な「漢奸」と考えられている。

また、明の時代の倭寇も「漢奸」とされる。倭寇のなかにはたくさんの中国人がいて、日本と中国の密貿易をしていた。中国人であるにもかかわらず、中国を攻めようとする倭寇は典型的な売国奴である。逆に、裏切り者である倭寇と戦った明の武将・戚継光《せきけいこう》（一五二八～八七）は愛国者とみなされている。

このように中華思想では、文化を基準に、「中華」「奸夷」「漢奸」の三つに分類される。もっとも価値が高いのは、世界の人がどう思っていようと「中華」である。徹底抗戦しなければいけない敵は「奸夷」。もっとも下に位置づけられる憎むべき存在は、中華を裏切った「漢奸」となる。

中国人自身の考える中国文化

ところで、中国人の考える中国文化とは、いかなるものであろうか。前述した総合地球環境学研究所・研究部助教授の鄭躍軍氏らの生活文化意識調査には、「あなたが中国文化としてまず思い浮かべるものは何ですか?」(自由回答)という項目もある。

トップは「四大発明」であり、「孔子」「歴史」「万里の長城」「文字」と続いている。これらが、中国人が誇りに思っている中華文明のシンボルである。第2章で述べたように、中国人にとって「歴史」という言葉がいかに重みのあるものであるかは、この調査データにも滲《にじ》み出ていると思う。また、中国人が誇りとするものは、物理的には発明品と万里の長城だが、精神的には、孔子や儒教精神が基盤であることもわかると思う。このほか、「京劇」「唐詩」「宋詞」をあげている人も比較的多かった。

日本の人は、中国文化と聞いて何を思い浮かべるだろうか。上位にあげられているもの以外にも、いや、それ以上に、中国四大小説(『三国志』『水滸伝』『西遊記』『紅楼夢』)や『史記』などを思い浮かべる人が多いのではないだろうか。しかし、二〇〇〇人弱の中国人のなかで、『三国志』をあげたのはたったの一人、『史記』と答えた人も同じく一人だけだった。日本に

中国人の意識調査②

Q：中国文化と聞いて、まず思い浮かべることは何ですか？（自由回答）

（単位：人）

		2市合計	杭州市	昆明市
1	四大発明	140	58	82
2	孔子	127	44	83
3	歴史	117	46	71
4	万里の長城	116	52	64
5	文字	47	18	29
6	京劇	27	14	13
7	唐詩	25	10	15
8	宋詞	15	7	8
（参考）	魯迅	4	3	1
	紅楼夢	4	3	1
	三国志	1	1	0
	史記	1	0	1
	水滸伝	0	0	0
	西遊記	0	0	0

（自由回答のため、同義語は著者が解釈し集約）

鄭躍軍編『日本・中国の国民性比較のための基礎研究』（総合地球環境学研究所、2005年3月）をもとに作成

よく伝わっている戦記物は、中国人が考える中国文化としては、あまり上位にくることはないのである。

結果を見ると、文化が開花した唐朝、宋朝に関係があるものは当然のことながらいくつも出てくるが、「清朝」という回答もいくつかある。清朝は異民族であるが、中国人にとっては中国文化なのである。それに対して、元朝に関するものはひとつも出てこない。その他の王朝名としては、

秦、西周もいくつか出てきている。また、「皇帝」という言葉をあげた人は二人で、皇帝名では、九人が「始皇帝」、三人が「黄帝《こうてい》」をあげている。その他の皇帝の名前は一人も出てこなかった。

近代以降は中華文明と外国文明のせめぎあい

中国人は中華思想のもと、何千年もの間、自国の文化が最高だと考えてきたため、他国の文化を受け入れようとしなかった。他国に中華文明を輸出することはあっても、他国から文化を受け入れるという発想はなかったといってもいい。

ところがキリスト教宣教師の上陸以降、西欧文化と出会ってしまった。相手は中国よりも進んだ文明を持っていたが、それを認めてしまうと「中華が最高の文明である」という中華思想と矛盾してくる。そこで、外国文化を排除しようと抵抗をくりかえしてきた。しかしながら、外国文化導入の流れは止まらなかった。

とくに、一九七八年の改革開放路線以降の中国では、中国史上はじめて、他国の文化を積極的かつ急速に取り入れている。欧州文化、アメリカ文化、日本文化、韓国文化など、何でも取り入れている状態だ。日本における明治維新と戦後が、いっしょに到来したような異文化流入の活況を呈している。

結果として、若い人を中心に考え方が多様化してきたが、その一方で、多くの人が内心は迷っているのも確かだ。伝統的な古い文化と、どうしたらうまく融合できるのか見出せないでいる。古い文化を完全に捨てることができればいいのかもしれないが、中国人にはそれができない。古い文化をすべて壊すわけにはいかないので、抵抗しながら受け入れていっているのが実情だ。そのあたりの「受容と抵抗」の流れ、「中華文明」vs「外国文明」のせめぎあいを次章で説明しようと思う。

「孔子学院」の設立を記念して、立命館大学に中国政府から贈られた孟子像（写真提供：立命館大学）

第5章

中華文明vs西洋文明

中国を理解するキーワード「受容と抵抗」

外国文化に対する「受容」と「抵抗」のくりかえし

西洋文明に触れて以降の中国の歴史は、「受容」と「抵抗」のくりかえしだった。中国固有の文化と他国の文化の戦いだったともいえる。中国人の心を理解する五つめのキーワードは「受容と抵抗」だ。

西洋文明が入ってきても、多くの中国人がはじめは受け入れようとしなかった。中華文明のほうが進んでいると思っていた中国人にとって、西洋文明を受け入れる必要などなかったのだ。ほんとうは貿易などしたくはないが、文明の進んだ中華社会が後進民族に文化を広めるのはひとつの使命であり、皇帝の仁徳と寛大さを示すものであると考えられていた。

その後、西洋文明のよさにも気づきはじめるが、それでも位置づけは中国固有文化の下に位置され、道具として用いるのは構わないといった程度の状態だった。「受容」よりも「抵抗」のほうが強かった時代といえるだろう。

さらに時代が進み、何回かの戦争での敗北を通じて、はじめて西洋文明のほうが進んでいるところがあると気がついてくる。それでも為政者たちは、西洋文明を用いてもいいが、あくまでも主体は中国文化であるという発想を変えなかった。

その後、革命家たちによって啓蒙活動が行われ、民衆の意識も高まってくる。それ以降は、外国文化を積極的に受容しようとする勢力と、それに抵抗しようとする勢力の争いがくりかえされてきた。「受容」と「抵抗」がしだいに拮抗《きっこう》した状態になってきたのだろう。

現代はどうかというと、改革開放以降は、「受容」の力のほうが強くなってきている。とはいえ、「抵抗」の気持ちがなくなったわけではない。「受容」が大きくなればなるほど、それに対する「抵抗」の気持ちも増している。その「抵抗」の現象として、反日デモ、反外国デモという強いかたちで表現されている。

以下、十六世紀からの流れを追ってみる。

西洋のものを用いるようになった「道器論」――受容

十六世紀以降、中国にはポルトガル人をはじめとする西洋の人たちがたくさん訪れるようになった。彼らは貿易のほかに、キリスト教の布教もめざしていた。

一五八二年には、イエズス会の宣教師・利瑪竇《りまとう》（マテオ・リッチ、一五五二～一六一〇）がマカオにやってきた。彼はキリスト教を布教するにあたって、中国の文化を重視するやり方をとり、「論語」のスタイルを参考にして聖書を説いてキリスト教を教えていった。明朝の高官だった徐光啓《じょこうけい》（一五六二〜一六三三）とも親交を持ち、徐光啓の働きかけもあって、皇帝はマテオ・リッチの活動を認めた。

ただしそれは、あくまでも中国風のやり方で布教する場合のみ認めるというものだった。宣教師のなかには、「キリスト教を孔子風にやる必要はない。キリスト教はキリスト教として布教させるべきだ」という考え方の人もいたが、それらの宣教師は「わが国の国情に合わない」という理由で、歴代皇帝の怒りを買ったのだ。

これが、中国の指導者たちが外国文化を取り入れるときの典型的態度だった。

外国のものでもいいものは受け入れようという考え方が一部に出てきたとはいえ、大半の人は中国固有のものにこだわり、外国のものには断固抵抗しようとしていた。そのころに用いられるようになった考え方が「道器論《どうき》」「道器説」だ。西洋の文物や学問は、中国文化の下に位置づけられ、あくまでも器として用いられるべきだという考え方だ。

アヘン戦争は西洋からの文化的侵略と映った——抵抗

明朝が滅び、清朝に入ってからも、西洋人が次々と中国を訪れている。一六六一年に即位した康熙帝《こうきてい》（在位一六六一〜一七二二）は、マテオ・リッチを西洋人のモデルとし、中国の文化をよく理解し、中国の文化に基づき行動する人の活動は認めるという姿勢をとった。

その後、広州でイギリスとの貿易が行われたが、当時の中国では、貿易はすべて朝貢貿易と考えられていた。中華思想の下に、進んだ中華文明の産物（茶や絹など）を、遅れた民族たちに与えてやるという発想だった。現実には産業革命後のイギリスのほうが、中国よりもはるかに進んでいたのだが、中国人はそれを認識していなかった。遅れたイギリスに対して、皇帝の徳をもって、格別の計らいで品々を恵んであげるのが貿易だと考えていたのだ。

中国には「夜郎自大《やろうじだい》」という言葉がある。漢の時代に、夜郎国という山奥にある少数民族の小国へ、漢の使節が出かけていった。そこで夜郎国の人間が漢の使節に対して、「あなたの国と私の国はどちらが大きいのか」と横柄な態度で聞いた。山の向こうに大きな国があることなど、まったく知らなかったのだ。漢の使節はただ笑うしかなかった。以来、自分の実力を知らないで尊大な態度をとることは、「夜郎自大」といわれるわけだ。

清の時代に、皇帝たちはイギリスに対して夜郎国の人々と同じことをくりかえした。こうした態度は、魯迅ら後世の人たちによって、中国の閉鎖性と後進性の一例として批判されている。

中国人の考え方を一変させたのが、アヘン戦争（一八四〇～四二）だった。アヘン貿易は、心ある中国人にとっては、西洋文明からの中華文明に対する侵略だと映っていた。これには徹底的に抗戦しなければいけない。林則徐は、中国古来の典型的な愛国モデルどおり、必死になって抵抗を試みた。それがアヘン戦争である。

しかし、中国は敗れた。この敗北によって、中華思想・朝貢貿易的な考え方は打ち砕かれてしまった。中国人は、自分たちが世界一ではないことを思い知らされたのだ。いまからふりかえれば、当時の中国人が単に世間知らずだったというだけなのだが……。

アヘン戦争敗北以降は、西洋のものでもよいものは取り入れようとする動きが出てきた。

外国のモノの効用を認めた「中体西用論」——受容

アヘン戦争から十年が経過したころに、太平天国の乱（一八五〇～六四）が起こる。太平天国の指導者・洪秀全《こうしゅうぜん》（一八一四～六四）は、人間は神の下に平等であるという、キリスト教をもとにした国づくりをめざしていた。「滅満興漢《めつまんこうかん》」を掲げ、清朝に対抗したこの動きに、キリスト教の宣教師たちも協力する。儒教を否定し、孔子像などを破壊した太平天国は、極端な外国文化の「受容」と位置づけられることになる。

この太平天国を滅ぼすときに活躍したのが、欧州の近代的な軍隊制度や武器を取り入れた曾国藩《そうこくはん》（一八一一～七二）や李鴻章（一八二三～一九〇一）たちだった。彼らを中心に、西洋のモノをもっと取り入れて強国政策（富国強兵政策）をとろうという動きが起こる。それが、洋務運動である。

しかし、清朝高官のなかにも、民衆のなかにも、外国文化に対する抵抗は根強かった。そこで用いられた考え方が、「中体西用論《ちゆうたいせいようろん》」だ。本体はあくまでも中華だが、役に立つモノは西洋のモノでも用いようという考え方だ。西洋のモノにも、価値と効用があるということをある程度は認めた点で、「道器論」よりは少し進歩した考えだといえよう。日本にも「和魂《わこん》洋才《ようさい》」という言葉があったが、それと似たような思想である。

以来、中国では衣食住すべての分野で、「洋」という接頭語のつく言葉がたくさんつくられた。「洋服」「洋燈」「洋火（マッチ）」「洋油（石油）」「洋車（自動車）」など、いくつもある。かつて日本で、「唐紙」「唐絵」「唐傘」など、「唐」のつく言葉がいくつも生まれたのと同じである。

洋務運動以降は、皇帝も西太后《せいたいこう》（一八三五～一九〇八）も、西洋の「モノ」に対しては抵抗しなかった。西太后はベッドやカメラも使っていたし、西洋の香水や顔石鹸を喜んで使っていたとされる。

その一方で、民衆たちの間には、「洋」のつく言葉がふえはじめたことに対して、不満の気持ちも高まっていった。

政治面も西洋化をめざした「変法論」――受容

洋務運動により富国強兵策を進めてきたはずだったが、清仏戦争（一八八四～八五）、日清戦争（一八九四～九五）に相次いで敗れ、清朝は大きな衝撃を受ける。とくに、中華思想からすれば東夷にあたる小国・日本に負けたことは、非常に大きなショックだった。「なぜ、日本に負けたのか」「西洋や日本から学ぶべきところがもっとたくさんあるのではないか」という発想が、このころから起こりはじめる。

「外国の『モノ』を取り入れるだけではなく、政治制度も変えていかなければ、国は強くならない」と考え、断固として政治改革を推し進めようとしたのが、康有為（一八五八～一九二七）と梁啓超（一八七三～一九二九）である。彼らは立憲君主制をめざし、「変法論」を唱えた。

変法論は、モノだけではなく、政治・法制なども西洋の方法を受け入れようとした点で、中体西用論をさらに進めた「受容」論である。

しかし、彼らの活動は、西太后ら保守派の巻き返しによって、すぐに押さえ込まれてしまう（一八九八年）。康有為、梁啓超は日本に亡命できたが、指導者たち六人（譚嗣同《たんしどう》、林旭《りんきょく》、楊鋭《ようえい》、劉光第《りゅうこうだい》、楊深秀《ようしんしゅう》、康広仁《こうこうじん》）が死刑に処された。急激に西洋化を推し進めようとした反動で、このころから「抵抗」の力が強まってきたのである。

西洋を全面的に敵とみなす義和団運動――抵抗

西洋文化に対する反発が強まってきたころに起こったのが、義和団運動（一八九九～一九〇一）である。義和団は「扶清滅洋《ふしんめつよう》」をスローガンに、西洋文化に反発し、西洋人の殺害を企てる極端な運動を起こした。清王朝は義和団と協力して、列強に宣戦布告したが、結局、連合軍に平定されてしまうのだった。

太平天国が極端な西洋の「受容」であったのに対し、義和団は極端な西洋への「抵抗」として対比できる。一八五〇年の太平天国の乱から、およそ五十年後に、義和団事変は起こった。

西洋文明の象徴といえば教会があげられるが、一八四八年以降、一九〇〇年までに、教会との衝突事件は四〇〇件を超えている。これらは、西洋文明と中華文明の文化摩擦ともいえる。『義和団運動史』（人民出版社、一九八一年）にも引用されているイギリス人の印象記『東亜三十年』という本には、「教会が多ければ多いほど、外国人と中国人の衝突の機会がふえる。多くの衝突において、いつも外国人が侵略者と位置づけられた」と述べられているという。

この分析はわりあい正しいものだと思う。中華文明を心の支えとしてきた中国人から見ると、西洋文明の流入には武力による暴力の手法がつきまとい、「侵略」に映るのだ。侵略者がふえればふえるほど、「抵抗」も大きくなる。

太平天国以来、五十年間の西洋化の動きのなかで、小さな「抵抗」がくりかえされてきたが、義和団事変で、西洋に対する不満が一気に爆発した。それだけ西洋文化が中国社会に浸透していった結果といえるだろう。

海外の政治制度を取り入れる革命論――受容

義和団事変ののちに台頭してきたのが、革命論である。海外の政治制度を見習って、古い政治体制を打破し、新しい政治体制へ変えることが唱えられた。

辛亥《しんがい》革命（一九一一年）を主導した孫文（一八六六～一九二五）は、三民主義（漢民族の独立をめざす民族主義、民主共和制国家をめざす民権主義、国民生活の安定をめざす民生主義）をその基本に据えた。前にも述べたとおり、「革命」というのは「天命を革める」という意味であり、中国古来の考え方だが、手法に関しては西洋的な手法であり、再び「受容」に傾いていったのだ。

日露戦争（一九〇四〜〇五）で日本が勝って以降は、日本のように海外から科学技術や思想を学ぶべきだという考え方が広がり、多くの中国人が日本へと留学した。

王殿卿編中国版教材『中国政治文化の比較』によれば、清朝政府からの日本への留学生は、第一回目の一八九六年には一三人だったのが、一九〇四年には三〇〇〇〜四〇〇〇人、一九〇五年には一万人近くに上っている。海外文化の「受容」の勢力がますます大きくなっていった時期である。

ちなみに清朝政府は、封建体制を支える人材を生み出していた科挙制度を一九〇五年に廃止した。

「打倒孔子」をも掲げた五・四運動——受容

一九一九年五月四日、第一次世界大戦中に日本が中華民国に突きつけた二一カ条の要求に反発して、学生たちが天安門広場に集まり、抗議行動を起こした。いわゆる五・四運動である。この五・四運動は、二一カ条の要求を廃棄することを求めた抗日運動であったが、運動のスローガンのなかには「打倒孔子」というものも入っていた。孔子個人を否定していたのではなく、孔子を中心にした儒教の考え方が近代化を遅らせ、列強の侵略を招く結果になったという主張だった。

五・四運動はすぐに終わってしまったが、民衆の側から、中国固有文化を考えなおすべきであるという問題意識が出てきた点では、小さな進歩だった。

五・四運動のころには、文学の世界でも、固有文化を批判して新しい文化を取り入れようとする動きが出てきていた。

陳独秀《ちんどくしゅう》（一八七九〜一九四二）は一九一五年に雑誌『新青年』を創刊し、中国の古い制度を批判し、科学と民主主義を重視した新文化運動を起こした。「中国近代文学の父」と呼ばれる魯迅（一八八一〜一九三六）も、『新青年』に小説『狂人日記』を発表し、古い儒教精神などを批判した。

また、学者であり思想家である胡適（一八九一〜一九六二）は、西洋のものをすべて取り入れ、従来のものを廃するという「全盤西化《ぜんばんせいか》」を唱えた。ただ、胡適は都市部の若者にはかなりの人気があったものの、人気は続かなかった。中国の文化土壌のなかでは、固有のものをすべて捨てて西洋のものを全面的に受け入れることは、中国人の心情から見て、事実上不可能だったのだ。

マルクス・レーニン主義を入れた社会主義中国——受容

五・四運動が不徹底に終わったため、再度、旧体制を打倒しようとしたのが、毛沢東（一八九三～一九七六）の社会主義中国の建国（一九四九年）だった。毛沢東はマルクス・レーニン主義を武器に革命を起こそうとした。これも海外文明と固有文明の衝突といえる。革命思想そのものは中国の伝統文化だが、社会主義という手法は、海外文化の「受容」である。

社会主義国家設立の基調は、古い封建的なものを打倒して、廃墟の上で新しいスタートを切るというものであり、固有文化の破壊を徹底しようとするものだった。

一九四九年の建国後は、ソ連をモデルとし、何もかもソ連から学んだ。学校で教えていた外国語はロシア語であり、経済面でも、ソ連頼みだった。しかし、ソ連がマルクス主義から修正主義に変わったと考えた中国は、しだいにソ連と距離を置くようになり、アメリカに接近していくのである。

新しい文化を生まない最悪の文化大革命――抵抗

社会主義革命を起こし、社会主義によって旧来の固有文化は破壊されたかに見えたが、しかし、民衆のなかには根強く旧来の思考法が残っていた。このままでは大きな発展はできないと、今度は文化大革命（一九六六～七七）が引き起こされた。

文化大革命には権力闘争の側面もあり、政治的にはいろいろな見方が可能だが、文化の角度から見ると、「五・四運動」「社会主義中国」に次いで、もう一度、固有文化を打倒しようとする動きだったと結論づけられる。文化大革命のスローガンは、「古い伝統、古い文化、古い思想、古い習慣をすべて打倒」というものであり、固有文化への大きな挑戦だった。

しかし文化大革命は、こうした「四旧」を打倒し、崩壊させていくパワーと勇気はあったけれども、それに代わる新しいものが何も見つかっていなかった。すべての古い文化を否定したけれども、新しい文化の誕生がない点で、中国にとっては途方もないダメージを受けた時期となった。固有文化というのは、何千年も続いてきたものなのだから、やはり何らかの合理性がある。それを全否定するのは、やりすぎだった。

さらには、西洋の文化も否定し、知識そのものがすべて悪とみなされた。近代以降、文化大革命までは、固有の文化を変えるために西洋文化を武器にしたが、その武器までも捨ててしまった。暴走以外の何物でもなく、文化面からいえば、最悪の状況になってしまったのである。

知識を持てば持つほど罪が大きくなるといわれ、大学はすべて中止された。当時、私は高校生だったが、高校生も小さな罪を持つ人間とされていた。

教育が滞《とどこお》り、知識を持つことが罪であるとみなされるような国は、文明を失う。この時期に、中国はきわめて不毛な状態となってしまったのだ。

鄧小平の「白猫黒猫論」――受容

文化大革命中に失脚した鄧小平（一九〇四～九七）が、文化大革命終盤の一九七三年になって復活した。彼が最初に手がけた仕事は教育の復興だった。不毛な土壌のなか、ゼロから再び文明をつくりあげなければならない時期であり、鄧小平は「知識こそ力である」というスローガンを掲げ、大学を再開し、教育に力を入れた。

当時、私は高校を卒業していた。大学の再開を待つ間、勉強しようと思って書店に行ったが、あったのは毛沢東の『語録』と中国政府の文献くらいで、ほかにはほとんど本がないような状況だった。日本語の辞書などあるはずもなく、紙にガリ版で刷ったものを毎日一枚与えられて勉強するほかなかった。

文化大革命が終わった一九七〇年代後半からは、学生たちはみな、むさぼるように勉強しはじめた。喪失したものを取り戻そうとするかのように。私費留学も怒濤《どとう》のようにふえ、「あなた、いつ行く?」という会話が挨拶代わりになっていた。留学の目的は、知識を学びにいくというよりも、精神・思想、いや、何でもいいから、何か新しい価値観を見つけたいという衝動だった。

鄧小平の復活で注目を浴びるようになったのが、彼の「白猫黒猫論」だ。鄧小平は「白猫だろうが、黒猫だろうが、ネズミを捕まえさえすれば、よい猫である」と主張し、生産力の増大につながるなら、社会主義的手法でも資本主義的手法でも、どちらでも構わないという考えに立った。彼は生産力の増大をめざして外資を導入するなど、改革開放政策を推し進めていったのである。

改革開放後の急激な外国文化流入——受容

以上、見てきたように、近代中国では十九世紀後半から二十世紀にかけて、外国文化を積極的に受け入れようとしては、それに抵抗し、再び受け入れようとしては、また抵抗するという歴史をくりかえしてきた。このようなくりかえしのために、日本のように外国文化を短期間で学び取ることはできず、なかなか国が発展しなかった。

ところが、一九七八年の改革開放以降、とくに二十世紀末からの外国文化吸収の勢いは、これまでの中国の歴史上では考えられないようなスピードとなっている。若者を中心に、欧米、日本などの文化を次々と吸収し、流行をつくりだしている。もはや、中国固有の文化だけにこだわっている若者はほとんどいない。みな欧米、日本の文化に強い憧れを持っている。

中国の若者たちにとって、いまや日本文化はきわめて身近な存在だ。多くの若者たちが日本に憧れ、日本のファッションを取り入れ、日本の音楽を聴き、日本のコミックや本を読んでいる。もちろん、日本のＴＶ番組もかなり知っている。若者たちのライフスタイルは、欧米や日本とまったく変わらない。その吸収の勢いは急速であり、日本人の想像を絶するくらいかもしれない。わずかここ十年くらいの間に、急激に日本文化が浸透してきているのだ。

もちろん日本文化だけではなく、アメリカ文化も急速な勢いで入ってきているし、韓国ブームも何年か前に起こっている。古い中国をイメージしている読者の方は、おそらくビックリするのではないかと思う。日本文化、韓国文化、アメリカ文化が、中国の若者たちの主流文化になりつつあるのだ。若者たちの発想法も自由奔放で、アメリカ型の発想をする若者がとくにふえているようだ。

それは文章の書き方にも表れている。近ごろの中国の若い学生やビジネスマンが文章を書くときには、冒頭に結論を書き、キーワードを書き、それから本文を書いている。英文には冒頭に要約を持ってくる「トピック・センテンス」という手法があるが、まさにその手法で文章を書いている人たちが多い。

私は日本の学生にも教えているが、そういう文章の書き方をする学生はあまりいない。ある意味では、中国の若者は日本の若者以上に、アメリカ文化を吸収してしまっているのだ。

トレンディドラマから韓流まで

改革開放以降、どのように外国文化を受け入れてきたか、その流れを見てみよう。

一九七八年　改革開放政策が始まり、中国政府の文化政策が変化する。日本映画祭が行われ、多数の日本映画が中国に入る。

一九七九年　日本映画『君よ憤怒の河を渉れ』（高倉健・中野良子主演）が中国で上映される。

一九八〇年　数億人が見たといわれ、多くの中国人男性が高倉健の真似をし、高倉健が中国人女性の憧れの恋人像となる。

台湾や日本で活躍していたテレサ・テンの歌が中国で流行し、テレサ・テンが中国でもスターとなる。

一九八一年　資生堂が中国に進出。多くの中国人女性が、資生堂の化粧品を使うことを理想とするようになった。

一九八二年　山口百恵の『赤い疑惑シリーズ』が中国で放映される。『赤い疑惑』の主役・大島幸子の名前から、「幸子ブラウス」「幸子へアスタイル」が女性の間で流行する。幸子の恋人（兄）・光夫の名前から、男性には「光夫シャツ」が流行。また、幸子の父・大島茂の名から、「大島茂カバン」も流行した。山口百恵は、現在でも中国人にとって大スターとして扱われている。

一九八三年　また子どもたちは、アニメ『森林大帝（ジャングル大帝）』に夢中になった。

カレンダーのデザインが変わりはじめる。それまでは、カレンダーに登場する人物は、国民的英雄など愛国心と関係のある人物の写真が主体だったが、このころから、美しい女性モデルのグラビアが使われるようになる。

一九八四年　日本で、『読売新聞』（十一月二日付）が、健康体操を通して体の線を美しくするという記事を掲載し、その記事が中国に伝わる。日本的な体操と中国の太極拳をミックスした運動が流行り、中国全土で人気となった。

一九八五年　農村部までテレビが普及。当時の人気番組は、『鉄腕アトム』をはじめとする日本のマンガと『おしん』だったので、農村部の国民にいたるまで、非常に多くの中国国民が、間接的に日本のことを知るようになった。

一九八六年　中国でロックが誕生した。それまでは、ほとんどの中国人は「ロック」が何か知らなかったが、中国人ロック歌手・催健のデビューによって、ロックを知るようになる。

一九八七年　アメリカのケンタッキー・フライドチキンが、十一月十二日に北京の天安門広場前に中国第一号店を出す。また、このころから都市文化のひとつの現象として、芸能人やスポーツ選手の周りに追っかけ族が誕生した。この年は、中国国内でエイズが発症した年でもある。

一九八九年　天安門事件。村上春樹の『ノルウェイの森』（講談社）が翻訳出版され、大ベストセラーとなる。以後、村上春樹の作品は次々と翻訳され、いずれもベストセラーになる。村上春樹は、中国人がいちばん読みたい日本人作家として人気が衰えない。「村上」は「都会的」といった意味と同義語となっている。

一九九一年　カラオケが普及した。

一九九二年　食料品分野で、インスタントラーメンが中国に入る。

一九九三年　一月八日に、はじめての娯楽紙『精品購物指南』が創刊される。食べることと遊ぶことをテーマにした新聞で、このころから、若い中国人の生活観の変化が起きはじめた。また、はじめて大規模な私営の外国人学校「北京東方外国語学校」が設立された。それまでにも私塾はあったが、大規模な学校は国営以外では認められていなかった。留学熱の高まりにより、私営外国語学校が認められたと考えられている。

一九九四年　日本の文化に憧れる若者たちを指し、日本大好きという意味を持つ「哈日族（ハーリー族）」という言葉が、台湾から大陸に入ってくる。また、この年はマレーシア、日本など外国のスーパーマーケットが中国に進出し、「スーパー革命」と呼ばれた。ちなみに、中国人は何にでも「革命」という言葉をつけるのが好きなのだ。

一九九五年　この年のスローガンは「全民奔小康」。「国民全員で中流になろう」という意識が広まった。中国では、「国が強くなれば、国民のだれもが中流になれる」と解釈され、愛国スローガンのひとつとして認識されている。

この年は、日本の「青春偶像映画（トレンディドラマ）」が多数中国に入った。上海のテレビ局は『日曜劇場』という番組を開設して、週に一度、日本のトレンディドラマを放映していた。もっとも人気があったのが、『東京ラブストーリー』。

一九九六年　上海ではじめてのネット・バー（インターネット・カフェ）がオープンした。

また、この年は韓国ブームとなり、韓国料理、韓国の音楽、韓国の服装などが流行した。

『韓流』という言葉も、日本に先駆けてすでに広まっていた。ファッション面では、男性、女性ともに、サンダルがブームとなった。

一九九八年　中国で三つの大きなインターネット網ができた。最大のネットワークは、『新浪網』。

一九九九年　インターネット利用人口が二二五〇万人になり、ネット文学ブームが起こる。

また、この年に国産初の青春偶像映画が誕生。

二〇〇〇年　日本でも話題になっていた『金持ち父さん　貧乏父さん』（筑摩書房）が中国語訳で出版された。『ハリー・ポッター』も中国で翻訳され出版されている。

二〇〇一年　『クレヨンしんちゃん』がスタート。中国の子どもたちは、何の違和感もなく、自分たちの国のマンガだと思ってテレビに釘付けになっている。

二〇〇二年　携帯電話が普及し、この年の旧正月の期間に、携帯電話を通して発信したメールが七〇〇万通にもなった。

二〇〇三年　村上春樹の『海辺のカフカ』（新潮社）の翻訳が約二〇〇万部発売。西安の西北大学外語学院で日本人留学生による寸劇事件が起こる。

二〇〇四年　大連テレビで日本語番組『桜の風』が始まる。都市レベルのテレビ局としてははじめての日本語による番組放映であり、中国では画期的なことである。日本語学習者が四八万人（国際交流基金の調査による）。

二〇〇五年　『菊と刀』が華文出版社と商務出版社の二社より相次いで刊行。四月に反日デモ起こる。

「小康族」の生活水準は欧米並み——受容

中国では、沿岸部と内陸部で差が大きいため一概にはいえないが、沿岸部地域の生活者たちは、ほぼ先進国の人々と変わりのない生活をしている。「小康族」といわれる新中産層の家庭は、だいたい3LDKで一二〇平方メートルくらいのマンションに家族三人で住んでいる。日本の平均的なマンションよりも、かなり広いと思ってもらえばいい。

生活用品に関しては、携帯電話、パソコン、DVDは、ほとんどの家庭が所有している。液晶・プラズマテレビの保有率も高く、ホームシアターもかなりの家庭にある。

小康族は、三十代くらいの若い人が中心であるが、彼らは一世代前の両親たちの生活水準を明らかに上回っている。

こうした世代にとっては、外国文化を受け入れることは当たり前のことで、だれもが西欧風、日本風の生活をしている。

孔子を見なおそうとする動き——抵抗

二〇〇二年、中国でもトップクラスの大学である中国人民大学に、「孔子研究院」が設立され、付属の「国学院」で学生が募集された。日本では北京大学や清華大学に注目が集まりがちだが、中国では人民大学も重要な大学とされている。なぜなら人民大学は、中国の幹部を育てる高等教育機関の位置づけになっているからだ。また人民大学は、日本にとっては注視すべき大学のひとつでもある。同大学が、日中戦争における死傷者数の算出にかかわっている大学でもあるからだ。

孔子研究院付属の国学院では、世界史や哲学、美学、文学、科学史など西洋学問とともに、中国固有文化である儒教の経典『四書五経』（『大学』『中庸』『論語』『孟子』と『易経』『書経』『詩経』『礼記』『春秋』）などが教えられる。

ここまで見てきたように、改革開放以降は、中国の歴史上はじめて、外国からきわめて多くのものを取り入れてきた。その結果、若い人の考え方が非常に多様化してしまった。極端な方向に走って、外国のものがすべていいと考える若者もいる。新たな犯罪や社会問題も生まれてきている。

外国のものを次々と取り入れてきたとはいえ、古いものが数多く残っている中国社会で、古いものをすべて捨てるわけにもいかない。外国のものを受け入れつつも、内と外の融合に迷い、新しい規範を模索している状況だ。

このようななかで、古来の教えがどのように現在に活かせるのかを探る動きが復活してきた。現代の新しい諸問題を解決するために、外国に「答え」を求めることに加えて、古来の教えのなかにも解決のヒントがないかどうかを探るべきだという考え方が出てきたのだ。それが、再び孔子を研究しようという動きにつながっている。

改革開放後の全面的な「受容」に対して、固有文化側からのささやかな「抵抗」といえるのかもしれない。

「受容」から生活の「希望」が見えてきた――受容

中国人は百年来、「受容」と「抵抗」の葛藤をくりかえしてきており、その精神構造はいまも変わっていないところがある。「中国伝統文化」と「外国文化」の長きにわたる戦いは、まだ続いている。中国人の思想課題として、どこまで西洋化するのか、どこまで中華文明を守り抜くのかという問題は依然として解決されていない。

外国文化をどんどん受け入れ、生活は欧米化し、ライフスタイルは日本化しても、心の中には「抵抗」の気持ちをつねに抱いている。「受容」と「抵抗」という二重性を抱えているのが中国人の特徴だ。

日中貿易の推移（通関ベース）

（単位：億ドル）

年	日本の輸出	日本の輸入	収支
1997	217.8	420.7	▲202.8
1998	200.2	369.0	▲168.7
1999	233.4	428.8	▲195.4
2000	304.3	553.0	▲248.8
2001	310.9	581.0	▲270.1
2002	398.7	616.9	▲218.3
2003	572.2	751.9	▲179.4
2004	738.3	942.1	▲203.8

備考：財務省「貿易統計」をもとに日本貿易振興機構（ジェトロ）がドル換算

（出典：ジェトロ）

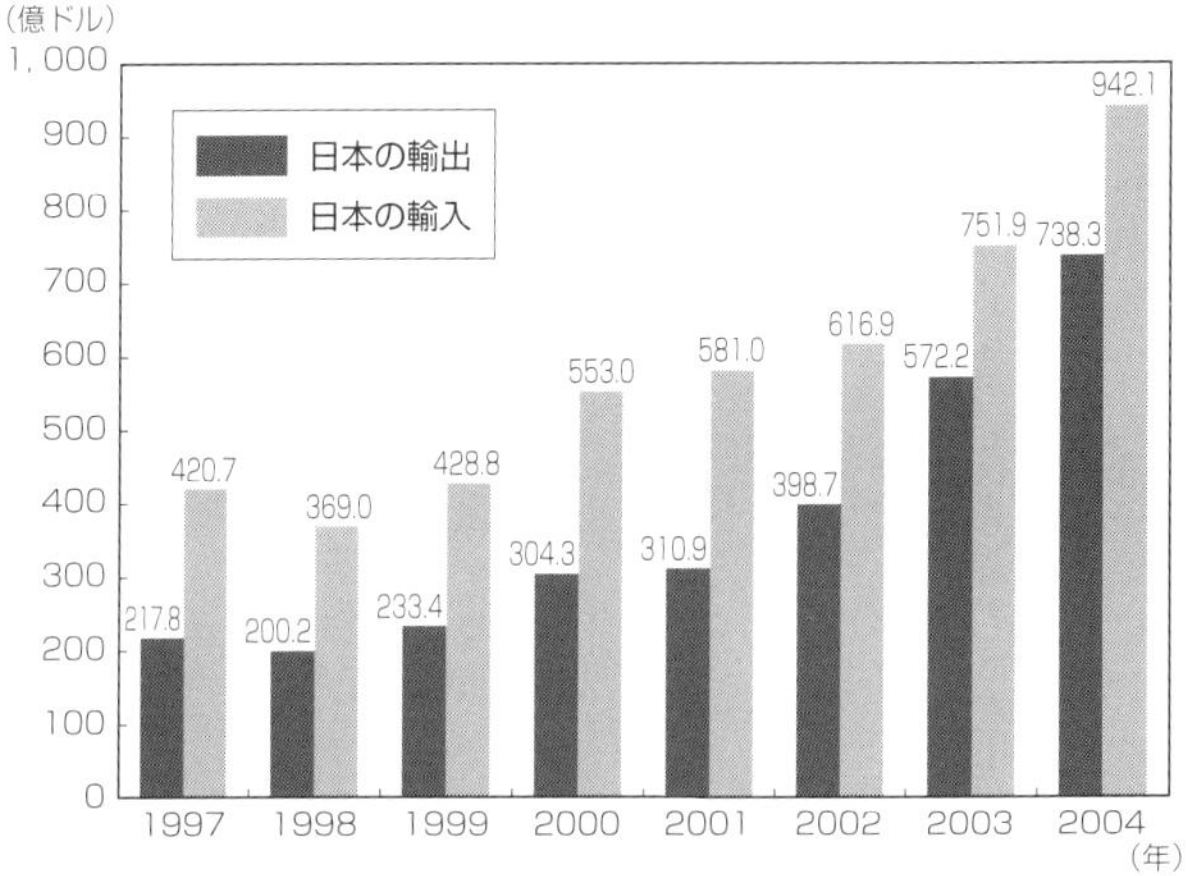

ただ、百年前と現在では、「希望」の大きさがまったく違う。百年前は、まったく希望がないなかで、「受容」と「抵抗」の葛藤をくりかえしていた。先の見えない葛藤だったといえるだろう。

しかしながら現在の中国は、経済が成長してきたため、少し自信を取り戻したような状態にある。多くの人が、この国はもっと豊かになるはずだという希望を持って生きている。こうした希望は、外国文化を積極的に受け入れることによって生まれてきたこともすでに知っている。

今後も、外国文明に対する「抵抗」はくりかえされるだろう。しかし最終的には、さらに大きく「受容」に傾いていくはずだ。そのほうが国を発展させることができ、自分たちの生活が豊かで楽しくなることがわかってきたのだから。

日本に憧れる中国人がなぜデモを起こすのか

これまでに何度か紹介してきたように、昨今の中国の若者は日本に大きな憧れを抱いている。日本文化を違和感なく受け入れ、日本の若者のライフスタイルを真似している。

では、なぜ、あのような激しい反日デモが起こるのか、と不思議に思う人も多いだろう。

日本の政治家のなかには、「中国での愛国教育が影響している」といった意見もある。しかし、私はそのような政治的な視点からだけで判断できることは限られていると思う。私は文化の側面に注目している。

文化の視点から見ると、反日デモは、むしろ当たり前の現象といえる。中国の若者は、これだけ日本文化を受け入れてきたのだから、それに対する反発心が強まるのは当然のことなのだ。

本章で説明したように、中国の近現代の歴史は、外国文化に対する「受容」と「抵抗」の二重性のくりかえしだった。一部で、「外国のよいものをどんどん取り入れよう」とする動きが出ると、それに呼応して、必ず反対派が出てくる。「受容」が強くなったあとには、その反動で「抵抗」が起こる。「抵抗」が強くなりすぎると、「外国から学ばないようでは、国は発展しない」という意見が出てきて、「受容」の流れが強くなる。そんなことのくりかえしだったように思う。

もちろん、これは国レベルでの二重性だけではなく、個人のなかにも同じ二重性がある。西洋文化をもっと受け入れたいという「受容」の気持ちと、それによって中国人のアイデンティティが壊されては困るという「抵抗」の気持ちの両方がある。日本に対しても、日本に憧れる「受容」の気持ちが強い反面、日本なんか受け入れたくないという「抵抗」の気持ちも強く抱くようになる。

心の中で「日本を受け入れたくない」という気持ちが強まったときには、日本が中国に対して起こした戦争は、格好の攻撃材料になる。村上春樹の小説を読みながらも、「われわれの祖先を虐殺し、領土を踏みにじり、われわれの優れた固有文化を踏みにじった日本なんか受け入れるべきではない」という気持ちも起こってくる。

こうした「受容」と「抵抗」が心の中で葛藤としてくりかえし起こり、「抵抗」の気持ちが著しく強まってきて表面化したものが、反日デモだと考えられる。

中国の若者が日本文化を好んで取り入れる流れが止まらない以上、そのぶんだけ大きな反発が表面化してくるのは、自然な成り行きだと思う。

今後も反日デモは起こるだろうが……

もちろん、「受容」と「抵抗」の気持ちはどの国の国民にもあると思う。

日本は戦後、アメリカから多くのことを学んできたが、一九六〇年に日米安保反対という名の国民的な大きなデモがあった。また、九〇年代以降、グローバル・スタンダードという名の下で、日本社会はアメリカのスタイルを次々と取り入れてきたが、その半面で、「何でもアメリカのいいなりだ」とか「ハゲタカ外資が日本の金融システムを食い荒らしている」といった、アメリカに対する反発も強く起こっている。伝統的に外国文化を受け入れることが得意な日本でさえ「抵抗」の気持ちは起こるのだから、外国文化を受け入れることが苦手な中国人が、外国に対する反発を強めるのは不思議ではないと思う。

人間関係でも、近づけば近づくほど、不満や憎しみが大きくなることがあるが、現在の中国では、それと似たような状況が起こっている。外国文化を急速に受け入れて、日本文化を次々と導入しているがゆえに、その反動で外国や日本に対する反発の気持ちも高まっているのだ。

二〇〇四年には、これまででは考えられなかった反韓国デモが起こったが、それは、一九九六年に「韓流ブーム」があり、以来、韓国文化が中国に大量に入ってきたこととの反動と考えられる。韓国文化がたくさん入ってくれば、その反動で反韓感情が生まれてきても不自然ではない。

反日デモに関して、政治的にはいろいろな見方ができると思う。しかし、反日感情、反外国感情は心の問題であるから、政治面以外に、文化の視点も見逃してはならない。

十九世紀末に、中国の一部の人たちが西洋文化を受け入れようとしたときでさえ、あれだけ大きな抵抗運動が起こったのだから、現代のようにドラスティックに外国を受容している状況では、表面化するかどうかにかかわらず、心の中では必ず反発心が高まっている。前に『東亜三十年』という本のなかの「教会が多ければ多いほど、外国人と中国人の衝突の機会がふえる」という分析を紹介したが、それとまったく同じことが起こっているのだ。

反発すれば、そのぶん改革は遅れ、進歩のスピードは遅くなるが、それでも、これは心の問題なので簡単には変えられないものなのだ。

今後も、日本文化はどんどん中国に入っていくと思うが、それにともなって、日本への抵抗の気持ちも増していくはずだ。

今後も反日デモが起こる可能性は高いと思う。もちろん、一三億人もいる中国人全員が反日でまとまることなどありえないので、反日デモを起こすのは一部の人たちだろうが、その一部の人たちは反日的な感情を持ちつづける可能性がある。

だから、日本人はそれほど大騒ぎする必要などない。もっと冷静に受け止めればいいのではないだろうか。「中国人がまた受容と抵抗をくりかえしている」と思っていれば、それでいいのだと思う。

長い歴史軸で眺めれば、「抵抗」の時期は一瞬だ。そして、抵抗のあとには「受容」がやってくる。

西洋文化と中国文化の「融合」をめざした新しい考え方

二〇〇四年九月の人民代表大会五十周年記念で、胡錦濤《こきんとう》国家主席は、西洋をそのままモデルにしても中国には適さないこともあると述べている（『中文導報』二〇〇四年九月二十三日付）。中国の現状とあまりにもかけ離れたことを西洋から学んでも、現実には使えないという意味である。

たとえば日本や西洋では、交通事故減少のために道路整備に力を入れている。しかし、それには巨額の投資が必要となる。中国は国土が広すぎて、一気に多くの道路を整備することは不可能なので、このままの案ではすぐに効果は出ない。

そこで道路整備ではなく、運転手の知識や技術を高めることによって交通安全の基礎を叩き込み、死亡率を減らそうという案が出てきた。これは、日本とアメリカでの交通事情を学んだ中国工商連合会副主席で東京大学医学博士の金会慶氏が、中国との違いを考慮したうえで発案したものだった。この案によって、中国では交通事故死亡者数の減少効果があったとされている。

一見すると、西洋に対する「抵抗」に映るが、中国の実状に合わせた現実的な「受容」の動きといってもいいかもしれない。「受容」と「抵抗」のくりかえしの末に、「融合」という道も見えはじめてきた。

海外に中国文化を発信して融合を

現在、世界各国で中国語を学んでいる人は、一〇〇以上の国々で約二五〇〇万人、中国語講座を開設している大学は二三〇〇校程度と推測されている。

二〇〇四年、中国政府は世界に中国文化を広げ、中国語を教える国家プロジェクト「漢語橋プロジェクト」を立ち上げた。このプロジェクトでは、全世界に「孔子学院」を一〇〇校創設することを目標にしており、二〇〇五年七月中旬までに二六校が設立されている（『人民日報・海外版』二〇〇五年七月十九日付）。

最初に設立されたのは「儒教の模範生」韓国であったが、二〇〇五年六月二十八日には、日本の立命館大学でも、「立命館孔子学院」の設立が調印された。立命館大学に決定したのは、立命館大学の「立命」という言葉が、『孟子』の尽心篇の一節からきていることにも関係があると考えられる。

立命館大学のホームページによれば、「立命」は、孟子の「殀寿不貳、修身以俟之、所以立命也」（殀寿貳《ようじゅたが》わず、身を修めて以って之《こ》れを俟《ま》つは、命を立つる所以《ゆえん》なり）から取ったものだとある。さらに、「『人間には、若死にする人もあれば、長生きする人もあるが、それはすべて天命で決められていることである。だから生きている間はわが身の修養（勉強）に努めて天命を待つのが人間の本分を全うすることなのである』という考えです。したがって、『立命館』は人間がその本分をまっとうするための場所を意味しています」と述べられている。

調印式には、王毅《おうき》中国駐日大使が出席していることからも、中国政府の力の入れようがわかっていただけると思う。なお、設立を記念して、中国からは、台座に「立命」という文字が刻まれた高さ一七八センチメートルの孟子像が贈られた。孟子の出身地・山東省の花崗岩《かこうがん》でつくられており、中国政府が海外に贈ったはじめての孟子像である（『人民日報・海外版』二〇〇五年八月八日付）。

ちなみに、二〇〇四年のドイツとの国交回復三十周年には、ベルリンに孔子像が贈られている。海外に孔子像、孟子像を贈ることによって、儒教を含めた中国文化を海外の人に知ってもらおうという意図の現れだろう。

これまでの中国は、西洋文明を一方的に受け入れることによって、中華文明と西洋文明の融合を図ろうとしてきた。しかし、新たな時代においては、中国文化や中国語を全世界に発信することによって、新しいかたちでの「融合」をめざしはじめたのではないだろうか。「受容」と「抵抗」のくりかえしのなかから生まれてきた新しい考え方だと思う。

北京の反日デモ（2005年4月9日）。横断幕を掲げ、都心部に近い日本大使館まで行進は続いた（AFP＝時事）

第6章

中国人の思考回路

「違い」から見えてくるもの

中国のことを知っているようで知らなかった日本

日本は昔から中国について熱心に勉強してきた。世界のなかで、日本ほど中国のことを知っている国はない。しかし、「論語読みの論語知らず」という言葉があるように、日本人は中国人のほんとうの精神構造までは理解していなかったのではないかと思うときがある。中国人が、白か黒かをはっきりとさせたがり、ある価値観を一貫する、そういった独特の「しつこさ」を持っていることまでは、知らなかったのではないか。

前に述べたように、「愛国者」岳飛廟でひざまずく「売国奴」秦檜夫婦の像に、つばを吐きかけ、棒で叩いていく人が、いまもってあとを絶たない国だ。九百年も経っているというのに、岳飛を殺した秦檜をいまだに恨みつづけているのだ。現在を生きている秦檜の子孫も、売国奴の子孫ということで蔑まれている。

こうした中国人の心の特徴をほんとうに知っていたら、おそらく、十九世紀後半以降に、日本が中国を侵略することはできなかったと思う。戦争によって、日本の子々孫々まで「連座」されてしまうことがわかっていれば、少なくとも抑制が効いただろう。

中国人には基本的に、原則と理念に背いた行為に対して時効という考え方はない。日本には「禊《みそぎ》」という言葉があり、逮捕された政治家が選挙で当選すると「禊はすんだ」と口にするが、これは中国人にはとうてい信じられない発想である。中国人には「禊」という考え方は理解できない。死んでしまえば、「A級戦犯も神様になる」という考え方も、九百年間も秦檜を恨みつづけてきた中国人にはまったく理解できない。

したがって、それらを踏まえたうえで、ある意味で諦めの気持ちをもって、割りきって中国とのつきあい方を考えていくほうが現実的だと思う。

日本人と中国人では思考回路のソフトウェアが違う

日本人と中国人は、顔つきや体型など外見が似ていて、文化的にも近いといわれるが、前章までに見てきたように、両者には考え方や感じ方などで大きな違いがたくさんある。その違いを認識していないと、ズレが起こってくる。

お互いにわかりあうには、「違い」を認識することからスタートすべきだ。日本人の思考回路と中国人の思考回路では、まったく別のソフトウェアが動いているといってもいい。それぞれのソフトウェアの特徴を知るべきなのである。

そこで、もう一度、私なりに見た日本人と中国人の違いを整理しておこうと思う。いちばん大きな違いは、やはり「タテ軸の文化」と「ヨコ軸の文化」という点だ。

お見舞いでだれから先に挨拶するか？

私の知り合いの日本人が病気になり、大部屋に入院したときの話である。見舞いにきた子どもは、まず同室のほかの患者さんにひととおり挨拶してから、ようやく自分の母親のもとへ向かった。これは、中国人にとっては「考えられないこと」なのだ。儒教の影響で「孝」が重視される中国人の価値観では、真っ先に自分の母親のところへ挨拶にいくのが筋である。そのあとで、同室のほかの患者さんに挨拶するのが一般的なのだ。

ところが日本人に聞くと、周囲の人に挨拶もしないで、真っ先に自分の母親のところに向かうなど、それこそ「考えられないこと」だという。挨拶されなかった同室の人は、「あの人は礼儀というものを知らない」と内心、不愉快に思うようだ。

しかし、もし同室の患者さんが中国人なら、真っ先に母親に挨拶をした子どもを見て、「親孝行な子どもだ」と思うだろう。「孝」を価値あるものだと考える中国人にとっては、自分への挨拶が後回しになることなど不快なことではない。

この例だけで一般化することはできないが、概して中国人は、隣人などとの「ヨコ軸」の文化よりも、親や祖先などの「タテ軸」の文化を重要なものだと考えている気がする。日本人はどちらかというと、「和をもって貴《とうと》しとなす」という言葉に代表されるように、周りと仲良くする「ヨコ軸」の文化を、より大切にしているのではないだろうか。

これは、第2章で見た「歴史」という言葉とも密接につながっている。中国人は、過去、先祖、歴史といった「タテ」のものをとても重視する国民性である。その文脈から考えていただくと、中国人がしつこいほどに「歴史問題」を持ち出す理由も見えてくるだろう。日本は一度、中国を侵略した国であり、歴史を重視する中国人はそのことをあっさりと水に流すことなどできない。中国人が反日感情を克服するためには、かなり長い年月と時間が必要なのである。

日本の人からすれば、「せっかく仲良くしていこうとしているのに、また『過去』を持ち出して、いったい何回謝ったらいいんだ！」という気持ちが起きても不思議はない。「ヨコ軸」の関係を大切にし、仲良くしていこうとしている日本人にしてみると、「タテ軸」を持ち出して、和を壊そうとするかのような中国人の考え方は理解できないと思う。

これらは、お互いの社会のなかに根づいた精神文化であり、簡単に変えることはできない。というよりも、変えるものでもないのかもしれない。

日本人と中国人では、発想の仕方にタテ・ヨコの違いがあるということを、十分に認識したうえでつきあっていく必要があると思う。

日本人ほど情報受信力が優れた国民はいない

日本人ほど学ぶことが得意な国民は、ほかにはいないのではないだろうか。

日本は、世界のなかでも特別な国だ。

アジア各国を見渡せば、日本と同じように外国から学ぼうとした国はいくつもある。近代に入って、中国も外国から学ぼうとしたし、韓国も外国から学ぼうとした。それでも遅々として進まず、ようやくここ十数年、韓国も中国も考え方を発展させることができた。その他のアジア諸国に関していえば、まだまだ発展途上である。それが一般的なアジア諸国の発展速度ではないかと思う。

日本では明治維新以降、欧米に学び、急速に国内を変革し、アッという間に列強諸国と肩を並べるほどの国力を身につけた。戦後もアメリカから学び、焼け野原からアッという間に奇跡的な経済復興を遂げた。その驚異的なスピードは、中国にも韓国にも真似することはできなかった。日本の人々は「日本こそがふつうなのだ」と思っているかもしれないが、アジア諸国から見れば、日本はいい意味で特殊な国なのである。

これほど急速に発展を遂げることができたのは、日本には「ヨコ軸」の文化が根づいているからだと私は考えている。昔から日本人は、自分たちがいちばんだと思わずに、謙虚な姿勢で、つねに外国から学んできた。それが日本人の非常に優れた点であり、国を発展させてきた原動力だろう。「ヨコ軸」で学ぶ能力に関しては、日本ほど優れた国はない。学ぶことに力を入れてきたから、昔から識字率《しきじりつ》も高かったし、情報収集能力もきわめて高い。

「ヨコ軸」から学ぶことは、日本人にとって、国を発展させるためのきわめて重要な知恵だったといえる。「ヨコ軸」から学ぶ文化が根づいていたからこそ、国民一丸となって外国から学び、とてつもないスピードで高いレベルにまでたどりつけたのだ。

それに対して、中国は外国からの学習に思いきって乗り換えることができなかった。中国の近代化を遅らせてきた最大の原因のひとつだ。

けれども、その代わりに中国は「タテ」の長い歴史軸で、古いものから学ぶことができる。迷ったときに偉大な先人の知恵を活かせるという大きな強みもある。

多民族国家では自己主張が強くなる

よくアメリカは「人種のるつぼ」といわれるが、中国も「民族のるつぼ」である。一三億人もいるのだから、ある意味で当然のことだろう。人口の約九割を占める漢民族のほかに、五五の少数民族がこの国で同居している。

大学のクラスなどでは、同級生に違う民族の人が存在することなど不思議ではない世界だ。日本の大学の授業でも、同級生がみな違う都道府県の出身ということはあるだろうが、それと同じように、中国ではクラスメートはみな出身地も違えば、民族も違っていることが少なくない。

こうした多民族の集まりだから、中国人は自己主張が強い。均質な民族の日本社会では、「口にせずとも、わかりあえる」ことが多いだろうから、それほど自己主張は必要とされない。むしろ、控えめにしていることのほうが美徳とされる。しかし、中国でそのようなやり方をしていたら、生き残ってはいけない。民族が違い、考え方も違っているから、主張しなければ互いのことをわかりあうことなどできないのだ。また、それらの人々のなかで抜きん出るためには、強烈に自己主張せざるをえなくなる。

日本人は、「なぜ、中国人は政府間の外交問題でも、あれほど自己主張ばかりするのか」と不快に思うだろうが、中国では、慣れ親しんだ表現形式なのである。アメリカ人も非常に自己主張が強いといわれるが、アメリカも多様な民族が集まっているから、やはり自己主張が強くないと生きていけないのだと思う。

もちろん個人差はあるけれども、多民族社会で教育を受け、生活していると、おおむね自己主張が強い人間になるのではないだろうか。

「ヨコ軸」の文化に身を置く日本人は、情報受信力に関しては世界でも類を見ないほど高いが、その代わりに、自己主張を含めた情報発信力は、中国やアメリカなどとくらべて弱いと思う。

中国では人と違うことをしたほうが評価される

日本は均質な社会だから、人と同じような振る舞いをしたほうが生きていきやすいだろう。同じことをしていれば仲間はずれにされず、周囲に認められ、安心して暮らしていける。

しかし多民族国家の中国では、人と違うことをしたほうがむしろ評価される。みんなと同じ発想や行動をとる人は、「特徴のない人」とみなされてしまう。特徴を持った人生、あり方、表現、行動をとることが評価され、個性を持った人に人気が集まる社会である。

ただし、個性を発揮するといっても、同時に社交性もけっこう身につけているのが中国人だ。日本の友人から、「中国人というのは非常に外向的で社交的だ。だれに会ってもすぐに握手を求め、心を開いておしゃべりをするので驚いた」といわれることがよくあるが、中国人から見れば、決して驚くようなことでもなんでもない。

前述したように、中国では毎日違う民族の人といっしょの教室で生活しており、隣に座る人と信仰が違っていることも多々ある。「宗教上の理由から、隣の人にはブタの話をしてはいけない」といった配慮もしなければならない。そういう環境にいると、「どうしたら喧嘩をせずにすむか」という術を本能的に身につけていかざるをえなくなる。

多民族が同居する状態が何千年も続いていて、対人関係も経験豊かであるから、日本人が見ると「社交的・外向的」に映るのだろう。

中国人にとってデモは日常風景

中国の歴史は、いってみれば革命や暴動の歴史である。何度も民衆が蜂起して、革命や暴動を起こしてきた。天意を満たさない皇帝に対しては、蜂起した民衆がそれを倒して、新たな国家を建設する。そういうことがくりかえされてきた。中国人は、革命によって天意が満たされることをよしとしている。

日本人の視点からすれば、デモも暴動に映るかもしれないが、中国人は暴動というものを何千年も見つづけてきた歴史があるから、デモ程度ではあまり大騒ぎしないのだ。そもそも中国人にとっては、国をよくしようとデモ行為を起こす人たちは愛国者である、という価値観もある。

そんな歴史を持つ中国人からすると、一万人程度のデモと聞いても、あまりたいしたことのないものに映る。一部の人たちが起こした小さな現象のひとつにすぎないのだ。中国では毎年、大小さまざまなデモが頻発しているのだから。

中国四千年の長いタテ軸から見ると、暴動や反乱は一瞬のことである。中国人のなかには、暴動やデモを日常風景の小さな一コマくらいにしか思っていない人がたくさんいることは知っておいていいだろう。

メディアに対する受け止め方の違い

日本人と中国人では、メディアに対する考え方も大きく違う。それが摩擦を呼んでいる原因のひとつでもある。

中国では、メディアは政府・党の広報機関的な色合いが強い。インターネットの登場で中国政府は言論を統制できなくなってきてはいるが、それでも活字メディアは、政府によるコントロールを受けている。一部の中国人を除き、大半の中国人はそれがふつうのことだと思っている。「メディアは国によってコントロールされているものだ」と思っているのだ。

一方、日本には言論の自由がある。新聞も雑誌も、自由に言論を述べていい。国際問題に関しても、中国を擁護する言論を掲載するメディアもあれば、中国を厳しくバッシングするメディアも当然ある。日本政府はそれについて、何の関知もしていない。

ところが、日本のメディアの記事が中国に伝わったときの中国人の受け止め方は、日本人の感覚とは違う。中国人は、どんな言論であってもメディアに載っている以上、日本政府が容認した言論であると考えてしまう。中国人は、外国の新聞や雑誌で報道された記事も、その国の政府が検閲《けんえつ》し、容認された言論であると考えがちなのだ。

日本のある新聞や雑誌に中国を批判する過激な意見が載せられたり、「日本も核武装すべきだ」という意見が載せられたりすると、それを知った中国人は、「これが日本政府の考え方であり、日本政府は戦争をまったく反省していない。日本は再び、外国を侵略する意図を隠し持っている」と考える。日本政府がまったく関知していなくても、言論人が過激な意見をメディアに掲載すれば、その意見は、日本政府の容認した意見であると中国人は受け止めてしまうのだ。

そういった一般の中国人のメディアに対する感覚も、反日・嫌日を生んでいる要因のひとつだと私は思う。

教科書に対する受け止め方も違う

教科書問題についても、同様の感覚のズレがある。中国では、教科書は国や省が検定している。政府や省の考えに合わない内容が載せられることはありえない。教科書とはそういうものであると中国人は受け止めている。

日本の場合、国が検定しているとはいえ、言論の自由を前提に、ある程度の範囲内で多様な考え方の記述が認められる。必ずしも教科書の記述が日本政府の統一された見解というわけではない。また、多様な教科書があり、教科書を採択する自由もある。

しかしながら、中国人にとっては、「教科書とは、国の方針に沿ったもの」である。したがって日本の政治家や評論家が、「日本には言論の自由があり、教科書の記述も多様な考え方が許される」とか、「採択率が重要である」というような説明をしたところで、おおかたの中国人には理解しにくいわけだ。

新聞・雑誌などメディアの記事にしても、教科書の記述にしても、「言論の自由が当たり前」と考える日本人と、「言論はコントロールされているのが当たり前」と思っている中国人とでは、受け止め方が違ってくる。そこにも、両国の国民意識にズレを生み、問題を複雑にしている一因があるように思う。

中国人は、言論の自由についてもっと学ぶべきだし、日本人には、言論の自由についてまだよく理解できない中国一般大衆の感覚に、少しは配慮してもらえたらと思う。

巨大人口の中国には反日感情を持つ人は永遠に存在する

中国は巨大な人口を抱える国であり、民族も考え方も行動も多様化した社会であるから、今後、どんなに時代が変わったとしても、過激な反日活動で愛国心を示そうとする人は、おそらく一定以上の割合で存在するだろう。日本に反中感情を持つ人がいるのと同じだ。しかし、「日本が大好き」という人も、やはり一定以上の割合で存在することは間違いない。知日的な人と親日的な人が、たとえ全人口の百分の一しかいないとしても、一三〇〇万人に上るのだ。

「反日デモをしない国になってほしい」と思っても、それは無理というものだ。反日にかぎらず、反米もあるし、イギリスや韓国に対して不快感を持っている人もいて、反外国デモはいつでも起こりうる。だからといって、一三億人すべてが反日や反米でまとまることもまたありえない。

日本の人々は、一九六〇年代の反米デモに対するアメリカの対応を参考に、中国人の反日デモに過剰反応しないで、ある意味で慣れてしまうくらいの余裕を持ったほうがいいかもしれない。いちいち目くじらを立てるよりも、多くの中国人に日本を知ってもらい、知日派を支援し、彼らと協力したほうが、日中にとっての現実的な問題解決策となるだろう。

テレサ・テンの像（上海・福壽園）。
国民党の支配する台湾のスター
でありながら、大陸でも人気がある

第7章

愛国教育の真実

文化を通じて発信されるサイン

中国を見るには「文化」の視点が必要

中国では「尚文」の精神が根強く、文化をとても大切にする国民性であることを、くりかえし述べてきた。だから、中国を正確にとらえるには「文化」の視点は欠かせないと思う。

現在の日中間は、政治・経済面にばかり目が向けられている。「政冷経熱」といわれ、政治と経済がクローズアップされすぎている。けれども、文化を重視する中国のことをほんとうに知るためには、政治家の発言や政治体制、経済状況ではなく、文化の変化に何よりも着目する必要がある。そうすれば、中国国民の心が透けて見えてくる。「文熱」が必要だと思う。

そもそも、国民が政府と同じ考え方をしているとはかぎらない。政府の動向だけを見ていては、その国のほんとうの姿はわからないものだ。中国のような国であっても、為政者の政治に注目するのはもとより、それ以上に、民衆に注目したほうが真の姿が見えてくる。中国民衆の動向がいちばんよくわかるもの、それが「文化」なのである。

中国からは、政治や経済ではなく、文化によって友好のサインが送られることが多い。それを日本の指導者の人たちは、できるだけ見逃さないようにしてもらいたいと思う。

ここでは、国際関係にも密接なつながりのある、中国の文化の側面に現れた変化を見てみよう。

完全なタブーがなくなり多様化へ

上海に「福壽園《ふくじゅえん》」という大きな墓地がある。これは一九九四年に設立された新しいメモリアル・パークだが、ここには、さまざまな歴史上の人物の影像が置かれている。このメモリアル・パークに建立されている影像を見ていくと、中国が文化的に多様化の方向へ進んでいる様子がうかがえると思う。

福壽園には、中国人の心をとらえて放さない抗日愛国の士である「七君子」の像がある。前述したように、「愛国無罪」という言葉の原点ともなる活動をした人たちである。

彼らの像が飾られることは当然かもしれないが、このほかに、これまでは考えられない驚くべき姿が目に入る。蔣介石の第二夫人・陳潔如《ちんけつじょ》。香港に渡った彼女は、ずっと故郷の上海に帰りたがっていた。その願いが、この像によってかなったと人々は口にする。

また、日本で有名な台湾のポップシンガー、テレサ・テン（鄧麗君、一九五三〜九五）の像もある。テレサ・テンは、中国では一種のタブーだった。彼女はあくまでも台湾人にとってのスターであり、彼女が亡くなったときには、中華民国の国旗が棺にかけられたくらいだからだ。

それでも大陸のファンたちは、福壽園内にテレサ・テンの記念館と像をつくり、そこに彼女が生前に愛した衣服、靴、イアリングなどを納めた。彼女の像の前を通ると、『月は心』という歌が耳に心地よく流れてくる。

また、二〇〇五年八月には、四川省大邑県に、中国ではじめて国民党博物館が設立された。この博物館は、三三・三ヘクタールの敷地に二五の分館を持つ大きなものだ。設計は中国国内で国家建築設計大師の称号を持つ人たちであり、また、世界的に名高い日本の建築家・磯崎新氏も携わっている（『中文導報』二〇〇五年七月一日付）。国民党の博物館ができることなど、従来の中国では考えられなかったことである。

もうひとつの変化として、最近の中国の書店では、国民党の歴史や指導者に関する書籍が数十種類刊行されるようになった。従来は「敵」とされていた蔣介石ほか国民党の指導者に関する伝記も発売されている。私は、二〇〇五年七月に北京に行ったときに、書籍のタイトルを書き写してこようと思ったのだが、あまりにもたくさんありすぎて諦めたほどだ。

台湾のことを敵視せず、かつては敵とされた国民党の人でも柔軟に受け入れようとする、民衆側からのサインのひとつといえるのかもしれない。

小学校の国語教科書から愛国教育は始まっている

中国人の愛国教育について日本で議論されるとき、中国の歴史教科書の問題点がよく取り上げられる。中国の歴史教科書は近代に重点が置かれており、これが愛国・反日教育の主体だと思われているからだ。

私から見ると、「反日一辺倒ではダメだ」といった国民の主張も取り入れられ、中国の歴史教科書もしだいに変わってきているように思うが、日本人から見るとまったく変わっていないと映るかもしれない。私は歴史教育の専門家ではないため、この分野については資料もあまり持っていないこともあり、本書でくわしく論じることはあえてしない。

ただ、日本人の議論では見逃されている面を指摘したい。それは中国の国語教科書である。

日本で「国語」といえば読み書きを教える時間であり、文学や論評を理解し、味わうことができるようになることを目的とする科目だろうと思う。しかし中国では、「国語」もまた歴史・社会・哲学・思想・政治を教える素材であり、愛国を教える素材であり、生き方や考え方を教える素材なのである。日本人にとっての「漢文」は、中国人にとっては「国語」あるいは「古典」となるが、そこで教えられるのは、生き方のモデルと智、伝統的な儒教精神などである。したがって「国語」は、愛国を教える科目でもあるのだ。さらにいえば、国歌や国の伝統歌などを教える「音楽」の時間も、重要な愛国教育の場であることを見逃してはならないと思う。

愛国教育は、歴史教科書だけではなく国語教科書でも行われているのだから、国語教科書にも注目したほうがいいはずだ。また、そこには、小さいけれども変化が起こっていることも知ってもらいたいと思う。

教科書に見る抗日と愛国

中国東北師範大学の徐氷教授へのインタビュー記事(『中文導報』二〇〇五年三月二十四日付「中国の反日感情がはたして歴史教育に由来するか」)などを参考に、私と学生たちが調べた範囲内で、国語関連の教科書における日本との関係について概要を述べたいと思う。

一八九八年、日清戦争に敗北した清朝は、日本をモデルにした変法を行い、教育面でも日本に学ぼうとする動きが始まった。それに合わせて、教科書のなかにも日本を学ぶ姿勢が現れてくる。一九〇二年の『蒙学読本』という教科書には、江戸中期の書家・亀田窮楽《かめだきゅうらく》（?〜一七五八）の「敬母其母」という話が入っている。当時はまだ科挙が廃止されていないことを考えると、近代教育のあり方を啓蒙するための題材として日本の話が出てくるのは興味深い。

前年の新学制施行を受け、一九〇四年に『教育世界』という本が出版され、新しい教育について紹介されている。この『教育世界』には、ドイツをはじめとする世界各国の教育者の論文が載せられ、新思想、新文化について述べられている。

新築の学堂が計四二二二校、在校生が九万二一六九人（『中華文化史・下』上海人民出版社、一九九〇年）ともいわれ、辛亥革命までに中国在住の日本人教員・顧問が五四九人もいた。彼らは中国全土に散らばって活躍していたようだ（汪向栄『清国お雇い日本人』朝日新聞社、一九九一年）。当時の教育のテーマは、いかに国民の意識を変えていくかということであり、愛国教育もこのころに生まれてきた。

梁啓超のような先進的な人たちは、外国文化を受け入れて国を強くすることが愛国であると考えていたが、それはいまだ絶対多数派ではないだろう。このころの愛国教育は、儒教に基づく道徳的な教育が愛国教育の中心だったと考えられる。

その梁啓超の親友でもある夏曾佑《かそうゆう》が一九〇五年、愛国思想を強調する歴史教科書を編纂した。一八九八年以前の教科書は宣教師の手によるものだった。

その後、一九一二年の中華民国成立以降も、教科書に日本を評価する記述が載せられた。日本に対する中国の教科書の姿勢が一変したのは、日本から二一カ条の要求が突きつけられたころである。社会の状況も大きく変わった。日清戦争、日露戦争後は、いち早く近代化を成し遂げた日本に学ぼうとの雰囲気が強かったが、二一カ条の要求が出されてからは、反日一辺倒に変わっていく。一九二〇年ごろからは、教科書にも「打倒日本帝国主義」というスローガンが出はじめている。日本で愛国教育といわれている反日教材は、このころから始まっている。

一九四九年の中華人民共和国成立後には、再び教科書が大きく変化した。一九五一年に中国政府教育部が出した中国教科書・世界地理の編集説明には、「この教科書は一九四九年、ソ連の中学六年生の地理テキストをモデルにつくった」と記されている。社会主義の手本であったソ連の教科書がモデルとされたのである。古来からの中国の英雄に加えて、おのずとソ連の英雄たちも教科書に登場することになる。

一九五二年の中学国語教科書のなかには、『白洋淀辺』と『小英雄雨来』（「雨来」は子ども

中国の日本研究・日本語教育の変遷（1999年調査）

1952年5月	周恩来中心の対日本工作班発足
1955年	日本関係の著訳書51冊（そのうち90パーセントが日本の自由民主運動、日米関係について）
1950年代後半	大学での日本語教育開始
1963年	国務院が「外国教育に力を入れるように」と指示 東北地方の各大学および北京に日本研究所が設置される 大学の日本語学科が18校に
1966年	文化大革命により大学教育が中断
1966年〜71年	この間の日本関係の出版は4冊のみ。そのうち3冊が資料索引もの、残る1冊は日本を批判した翻訳小説
1972年	日中国交回復。大学教育が復活し、日本語教育を行う大学が57校にふえる
1972年〜78年	この間の日本関係の著訳書は116点
1978年12月〜93年3月	この間の日本関係の著訳書は3157点（文学関係875点、そのうち翻訳795点）
1972年〜94年	雑誌での日本関係の特集は53種
1990年代	日本語学科を設置した大学は82校、教員1123人、学生6054人 日本語を第2外国語として教える大学は550校 日本語教員1500人、学生7万2000人 日本語を教える中学は600校、教員1800人、生徒16万人

の名）という抗日を主題とする物語が二編ある。ただ一方で、日中の人民の友情を謳った魯迅の作品『藤野先生』も入っていることを忘れてはならない。

一九六六年に始まった文化大革命では、五・四運動の時代の「反帝国主義」、旧ソ連との関係悪化を意識した「反修正主義」がスローガンとして浮かび上がってくる。当然ながら日本に関していえば、「米国追随の日本」という位置づけになる。

一九七一年の吉林省中学国語教科書第一冊第二九課には、「軍国主義日本はいずれ滅びる」という文章がある。同時期の算数の教科書には、「日本の軍人が○○人消滅した」というような文章題も出題されている。

中国の古いシステムを壊すことを目的として始まった文化大革命だが、暴走を始め、すべての知識が罪とされ、中国固有文化も海外文化もすべて否定された。日本に対しても過激な全否定が行われた時期だったといえるだろう。

しかし、一九七二年の日中国交正常化以降、教科書に少しずつ変化が見られる。一九七三年の上海国語教科書第二冊第八課には、『人民日報』に掲載された「日本にいた日々」と題する回顧文が掲載された。

一九八〇年代に入っても、前述した『小英雄雨来』や中国語で「地道」と呼ぶ地下道での抗日物語が依然として載っているが、日中国交正常化の流れを受け、魯迅の『藤野先生』、日本にも留学したことがある女流作家・謝冰心《しゃひょうしん》（一九〇〇～九九）の『桜花賛』なども入ってくる。ちなみに、中国の義務教育制度は一九八六年に開始された。

二〇〇〇年以降には、WTO加盟を控えていたことが影響したのか、教科書にさらなる変化の兆しが見えはじめた。世界の目を意識しはじめた証なのかもしれない。

反日一辺倒ではなくなってきた最近

最近の教科書にも、依然として抗日の話は出てくる。人民教育出版社から出された小学校の国語で六話、中学校の国語で三話、高校の国語で二話が抗日のストーリーだ。

一例をあげると、小学校では『王二小』という羊飼いの子どもの話が出てくる。王二小は日本軍に捕まって道案内をさせられるが、地雷が埋められている場所に連れていき、日本軍を道連れに死んでしまうという話である。こうした抗日物語では、大半は主人公が亡くなってしまう。自分を犠牲にして抗日活動をするストーリーが好まれているわけだ。

二〇〇〇年に人民教育出版社教材開発センターが、九年制義務教育中学日本語テキストと高校日本語テキストを編纂している。このなかには日本を紹介する記事がたくさん入っている。おおむね日本を客観的に見つめるものばかりで、日本人の規律正しさ、日本の産業と環境保護、教育重視政策などが全面的に紹介されている。

二〇〇一年に湖北教育出版社から刊行された『公民道徳読本』には、日本関係の話が二つ入っている。『趙薇の軍旗ファッション』と『愛子の名前から』だ。

『趙薇の軍旗ファッション』とは、中国の人気女性タレント趙薇（ヴィッキー・チャオ）が、日本の旭日旗に似たデザインのファッションをしたということで、中国国内で大問題になった事件である。メディアで大バッシングが起こったが、その後、趙薇擁護の動きも出てきた。

愛国について考える教材として取り上げられている。

『愛子の名前から』は、皇太子ご夫妻のお子さま、敬宮愛子さまについての話である。名前の由来は、孟子の「仁者愛人、有礼者敬人。愛人者、人恒愛之、敬人者、人恒敬之」にあるというものだ。中国の教科書に日本の皇室の話題が出てきたのは特筆すべきことである。

川端康成が中国の教科書に載る

二〇〇二年に審査を通った高校国語教科書第一冊（人民教育出版社発行）には、川端康成（一八九九～一九七二）の『花未眠（花は眠らない）』が掲載されている。過去に日本を紹介する文章はあったが、日本文化の神髄について考える文学作品がそのまま中国語に翻訳されて、中国の高校の教科書に掲載されたのははじめてのことだ。中国の高校生が日本的な心情である「わび」「さび」の世界を理解するのは難しいところがあると思うが、少しでも理解しようと努めることは新たなチャレンジとなるだろう。

また、同教科書第二冊には、清岡卓行（一九二二～）の評論『米洛斯的維納斯（ミロのヴィーナス）』も掲載されている。

これらの動きは、中国にとっては非常に大きな変化である。中国には、二〇〇三年時点で高校が約三万校あり、高校生はおよそ三五〇〇万人いる。このうちの多くが日本文学に触れることになるわけだ。インターネットで調べると、高校の教員が中心になって書かれた『花未眠』の学習ページも二五〇〇以上ヒットする。なかには禅的思索、美術に触れられた興味深いものもある。

このように最近の教科書は、抗日についても教えているけれども、日本のよさも取り上げるようになった。おそらく、現代中国の高校生たちが日本の音楽やファッションに憧れ、日々、日本のアニメやテレビ番組に接して、日本に対する違和感が減ってきていることが背景にあるのだろう。

抗日五壮士を教科書からはずす動き

二〇〇五年春、上海の教科書の一部から、『狼牙山五壮士』をはずそうとする動きがあることが新聞で伝えられた（『人民日報・海外版』二〇〇五年三月二十三日付）。『狼牙山五壮士』は、一九四一年に河北省に聳《そび》え立つ狼牙山で、五人の勇士が多数の日本軍と戦い、最後には飛び降りて死んでいったという内容だ。いまでも多くの中国人が、抗日の英雄として彼らを称えている。

ところが、そのうちの一人がじつは生きていたことが判明し、生き残った最後の人物が昨年亡くなった。これを機に、教科書からはずしてもいいのではないかとの意見が出されたのだ。

これを聞いて私は、上海の教育関係者は非常に大胆な試みをしようとしていると感じた。代表的な抗日物語を削除することなど、従来の中国では考えられないことだからだ。この動きは中国人の心の変化・世界観の変化によるものだろう。意識されているかどうか知らないが、日本に対して、小さなサインを送っているのではないかと思われる。

ただ、そのサインを読み取れなかったのか、残念なことに、その後、五月十六日の衆議院予算委員会での小泉純一郎首相の内政干渉発言、二十一日には武部勤自民党幹事長が北京で王家瑞《おうかずい》対外連絡部長と会談した際の内政干渉発言（その後、撤回）などがあった（『産経新聞』二〇〇五年五月二十四日付）。

これらの発言がどの程度影響したのかはわからないが、結果的に『狼牙山五壮士』は、はずされないことになった。中国人に愛国心を教えるためには、やはり重要なエピソードであるという理由からだった。

『狼牙山五壮士』については、『朝日新聞』にも取り上げられた（二〇〇五年六月十六日付「戦争をどう教える『抗日』英雄　国語でも」）。この記事には、抗日戦士の話をはずそうとしたが、結局はそうならなかったと書かれているが、むしろ、抗日戦士の話をはずそうという動きが表面化したことのほうに私は注目すべきだと思う。そのようなことは、少し前までは考えられなかったからだ。

反日の気持ちが根強く残っているのは事実だが、「反日だけでは、これからの時代はよくない」という考えが湧き上がってきていることも否定できないと思う。中国人は必ずしも反日一辺倒ではなく、日本文化に触れた人を中心に、心の中で日本への理解が深まり、気持ちの変化が起こってきたのではないかと考えられる。

もちろん、それは各個人の心の中の小さな動きであり、中国人全体の趨勢《すうせい》にはなっていないかもしれないが、日本人はこの中国人の微妙な心の変化にもっと着目したほうがいいのではないかと思う。「尚文」の精神で文化を大切にする中国は、政治・経済面だけではなく、文化面でもサインを送る国なのだから。

今後の愛国教育の流れ

このように教科書にもいくつかの変化が起こっている。日本人から見たら小さな変化かもしれないが、中国人にとっては大きな変化だ。「わが国を侵略した」という気持ちを抱きながらも、その反日感情をなんとか克服しようと心の中でがんばっている人もいる。それが小さな変化として、少しずつ文化面に現れてくる。

愛国教育については、今後、いくつもの見なおしがあると信じている。他国に反対する教育に偏りすぎていては、国を強くするという本来の目的の愛国教育にはならない。何よりも、たとえいくら反日を教えたところで、実態としては、若い人の生活には日本が入り込んでしまっている。生身の日本人との交流が深まっている。その文化的な流れを止めることはできない。実態に合わせて、教育も調整していかざるをえないだろう。

今後、中国は開かれた愛国主義、開かれた愛国教育が現実に行われていくだろう。

さて、二〇〇五年七月七日に、「中国人民抗日戦争記念館」がリニューアル・オープンし、盧溝橋事件六十八周年行事が催された。七月七日の『朝日新聞』朝刊には、「愛国キャンペーン本格化　中国盧溝橋事件から68年『反日』、政府動かす」という記事が出ている。内容としては、日中関係の悪化によって、政府が愛国キャンペーンを挙行せざるをえなくなったというものである。

たしかに、こういう見方もできるかもしれない。しかし日本のメディアでは、あまりにも反日的な一面だけが伝えられすぎているように思う。実際には、盧溝橋事件六十八周年行事では、いくつかの変化が出てきている。七月八日付の『中文導報』によれば、このイベントで発言した中国外交部首脳は「東京と良好な関係を持ちたい」と強調している。抗日記念館でのこのメッセージは非常に大きな意味を持っていると思う。

さらに、二つの変化があった。ひとつは、日本による中国への経済援助のデータがはじめて記されるようになったこと。もうひとつの変化は、小泉首相の靖国神社参拝問題について触れられなくなったことだ。日本人から見たら、ごく小さな変化に思えるかもしれないが、中国にとっては非常に大きな変化である。私はそこにもっと注目すべきではないかと思う。

前述の『朝日新聞』の記事が日本国民に読まれるのと、『中文導報』の内容が日本国民に読まれるのとでは、国民感情のつくられ方も違うのではないだろうか。日中の国民感情が悪化している時期だけに、日本のメディアにも、中国の文化面や小さな変化に着目して、客観的な報道をしてもらえたらと思う。

メタ・サイエンスの視点でタテ・ヨコから文化を見る

本章で見たように、文化の視点で国際関係を見ることは、とても大切なことだと思うが、文化を見るときには、メタ・サイエンスの視点も重要になってくる。

メタ・サイエンスとは、自分の研究している学問や持っている知識が、ほんとうに客観的な視点に立ったものなのかを検証してみる作業だ。とくに自国の文化を研究するときには、メタ・サイエンスの視点が欠かせないといわれる。自国の文化を他国民の目で見るつもりで研究しないと、客観的な姿はわからないということである。

私は中国と日本双方の文化を研究しているが、中国人の視点から中国を見ると、見落としてしまう点もある。また、長く日本に住んでいるが、日本の感覚で日本文化を見つめると、見えてこないものもある。どの文化もそれぞれの時代的背景があるし、歴史もある。タテ軸で見た歴史的なバック・グラウンドと、ヨコ軸で見た時代の特徴などを組み合わせて見ていかないと見落としてしまうことがあるだろう。メタ・サイエンスの視点で、時間軸と空間軸を組み合わせてみることによって、文化の類似性と相違点などが有機的に見えてくるはずだ。

今回、本書を書くにあたっても、中国人の愛国心と日本人の愛国心をメタ・サイエンスの視点から見てみようと試みたつもりである。

小説・音楽・マンガ・映画などで進む文化交流

近年の日中間では、政府間の冷めた関係に反して文化交流が盛んである。前に触れたように、文学では村上春樹が都会的なイメージをもたれて非常に多くの人に読まれている。なかでも『ノルウェイの森』は大ベストセラーとなっている。

じつは中国には、もうひとつの『ノルウェイの森』がある。それは、伍佰（ウー・バイ）という台湾生まれの歌手が歌う『ノルウェイの森』だ。中国の若者たちは『ノルウェイの森』をよく歌う。もちろん彼らは、この歌が村上春樹の『ノルウェイの森』からヒントを得たものであることも知っている。日本の小説が中国の文化面に大きなインパクトを与えた一例だ。

音楽の分野でも文化交流は進んでいる。日本のポピュラー音楽は、中国の若者の間では大人気である。一方、日本でも、中国の伝統楽器でポピュラーミュージックを奏でる「女子十二楽坊」が人気を集めた。それに続いて、「音楽猫」という九人の中国人女性バンドも人気を集めつつある。音楽交流は非常に熱い。

中国では日本のマンガやアニメも大人気だ。人気トップ3は、『千と千尋の神隠し』『SLUM DUNK』『一休さん』である。さらに、日本での人気マンガ『頭文字D《イニシャル》』もブームとなっている。『頭文字D』は、公道で若者がレースを繰り広げるストーリーで、実写化は不可能といわれていたが、香港生まれの劉偉強監督によって実写で映画化された。香港・台湾のスターが出演したこともあり、大きな話題を呼び、中国では『スターウォーズ エピソード3』を退けて、オープニングの興行成績で群を抜いて一位に躍り出た。香港でも映画興行成績歴代二位の人気となり、日本にも逆輸入された。

日本のポップカルチャーは、いまや中国の若者にとって最大の憧れであり、なくてはならない存在となっている。

また、日本のトレンディドラマをモデルとして、中国でも連続トレンディドラマ『愛在世紀初』がつくられた。このドラマには日本の女優・田中麗奈が出演している(『人民日報・海外版』二〇〇四年六月二日付)。逆に日本では、証券業界ではじめて東洋証券が、イメージキャラクターとして中国人人気モデル三人(劉多、載小奕、周娜)を起用している(『中国経済産業新聞』二〇〇四年九月付)。このように、文化面ではますます交流が盛んになっている。

日本文化の力が中国の若者の心を変化させている

文化のソフトパワーを実感させる興味深いデータがある。前述の総合地球環境学研究所・研究部助教授の鄭躍軍氏らによる生活文化意識調査のなかに、次のような質問項目がある。「もし生まれ変わるとしたら、中国以外のアジアの国（地域）のなかで、どの国（地域）に生まれたいですか」。

この質問に対する回答を表にまとめてみた。杭州市、昆明市とも「一位、シンガポール」「二位、香港」「三位、日本」となっている。ここでは参考データとして、十代（十八～十九歳）と七十歳以上のデータを載せたので、比較してみてほしい。

七十歳以上の高齢者は、「他国に生まれ変わる」という発想が起こりにくいだろうから、いずれも全世代平均より低い。なかでも「生まれ変わるとしたら日本」をあげている人は、非常に少ないことがわかる。それに対して十代の若者たちは、全世代平均よりもかなり多くの人が、「生まれ変わるとしたら日本」と回答している。とくに杭州市においては、日本が香港の倍近くの支持を集め、二位になっている。

これらの要因を、私は「日本文化」にあると考えている。くりかえし指摘したように、十

中国人の意識調査③

Q：もし生まれ変わるとして、中国以外のアジアの国（地域）のなかで選ぶとしたら、どの国（地域）に生まれたいですか。1つだけ選んでください

杭州市

（単位：%）

	全体	18～19歳	70歳以上
シンガポール	27.8	31.8	17.5
香港	19.4	13.6	7.8
日本	8.3	27.3	1.9
韓国	3.7	13.6	3.9
台湾	2.7	9.1	1.0
フィリピン	0.9	—	1.0
インド	0.3	—	—
その他	9.9	—	13.6
わからない	26.9	4.5	53.4

昆明市

（単位：%）

	全体	18～19歳	70歳以上
シンガポール	28.2	28.6	15.5
香港	14.9	17.9	9.7
日本	6.7	14.3	1.9
韓国	5.0	10.7	—
台湾	3.1	10.7	4.9
フィリピン	0.5	—	1.0
インド	0.3	—	—
その他	26.6	3.6	46.6
わからない	14.6	14.3	20.4

鄭躍軍編『日本・中国の国民性比較のための基礎研究』（総合地球環境学研究所、2005年3月）をもとに作成

代の若者にとって、日本のポップカルチャーが欠かすことのできない生活の一部になってきているからだろう。

二〇〇四年八月六日付の『朝日新聞』には、中国の若者が日本文化を受け入れている一例が掲載されている。「守るぞ日本音楽サイト、中国の若者『反日攻撃』に反論」という見出しで、中国の日本音楽サイトに対して書き込まれた反日コメントに対して、日本の音楽を好む若者たちが反論の書き込みをして、反日の書き込みが減っていったという内容だ。

事実と違う書き込みをして、日本を残酷な民族と思わせようとする反日の人たちに対して、音楽好きの人たちが一つひとつ反論をしているというものである。これも文化のパワーの一端といえると思う。過激な反日を先導する人たちがいても、日本文化を生活の一部として受け入れている若者たちには、あまり通用しない。それほど文化の力は強いのである。

民間レベルでの文化交流こそ関係改善の鍵

第3章でも述べてきたように、中国では『易経』（前七〇〇年ごろ成立）の思想に基づき、支配者は天意によって移り変わるものだとだれもが考えている。万世一系の日本とは、その意識はまったく違う。

では、だれが支配者を代えるのかといえば、天意を持った民衆である。要するに中国では、支配者よりも民衆のほうが偉いという考え方があるのだ。現在の中国は、政治的には直接選挙がなく、西洋的な民主主義の国とはいえないが、中国人は「政権というものは、いつ代わってもおかしくない。時代に合わなければ代わる」と思っている。しかも、「それを代えるのは自分たち国民だ」とも思っている。それが何千年も続いてきた中国人の思考回路であり、革命思想なのだ。

一方、日本は民主主義の国であり、国民に主権があり、国民が政府を選ぶ国だ。そのような点からすると、日中関係のほんとうの鍵を握っているのは、政府はともかく、一般の人たちであると私は信じる。

現在の日中関係は非常に悪化している。しかし、それは政府対政府の関係によって悪化しているのだといえなくもない。民間レベルでの交流はどんどん進んでいる。日本企業は次々と中国へ進出しているし、中国人は日本のファッション、音楽、本、アニメなど、日本のライフスタイルを当たり前のように受け入れている。中国国民からは「日本をもっと受け入れますよ」というサインが、すでにいくつも出されていると思っていい。もちろん、日本人も中国製品をたくさん使っているし、数多くの日本人が中国旅行を楽しんでいる。

日中関係の現状データ（2004年）

在中国の日本企業	2万8000社
雇用されている中国人	100万人
訪中日本人	330万人
訪日中国人	65万人
日本人留学生	2万人
中国人留学生	11万人(留学生8万人、就学生3万人)
在日中国人	60万人
在中日本人	6万人

じつは、二〇〇五年四月の反日デモ直後の四月十五日に、神戸の華僑団体・中日交流促進会が町村信孝外務大臣宛てに、日本大使館などの被害に対する賠償の一部として三〇〇万円の小切手の提供を申し出る手紙を出した。その手紙のなかには、若者たちが引き起こした過激なデモに対してのお詫びの気持ちも書かれていた。

日本に住む華僑たちにしてみれば、同じ中国人の未熟な子どもたちが起こしたことにお詫びをしたい気持ちがある。彼らは日中友好を深めたいと願っているから、同胞としてお詫びと賠償を申し出たのである（『中文導報』二〇〇五年六月二日付）。これも、民間から友好関係を築きたいというサインと受け取っていいのではないだろうか。

ちなみに、この件に関して、町村外相は五月二十日に、華僑中日交流促進会代表・林同春氏らに対して、小切手の受け取りは保留したものの、感謝の意と未来志向で日中関係を進めていきたい旨を述べている。

政府間には互いに意地もあるから、融和が難しい面がある。したがって、今後の日中関係の鍵を握るのは、民間交流ではないかと思う。民間が交流していけば、政府間がどれだけギクシャクしようと問題は解決できるはずだ。

政権というのは、いつか代わる。その政権を代えるのは国民である。日本に帰化した在日中国人が、現在、九万二三三五人に達した。中国で働く一〇万人の外国人のうち第一位は日本人である。このようなボーダレスな時代である。民間交流がしっかりしていれば、政府間の関係が悪化しても希望は見えると思う。

私は政治・経済についての専門家ではないから、あくまでも文化面での民間交流がもっと進んでいけるよう、自分なりに努力したいとつねづね思っている。経済は「モノ」の側面が強いが、文化というのは「心」の要素が強い。文化交流を通じて、両国国民の心の交流がさらに進むことを願ってやまない。

おわりに

浙江省の省都・杭州の西湖《さいこ》は雨にけぶっていた。二〇〇五年九月十一日、台風一五号が浙江省に上陸する前日のこと。時折激しく降る雨が周囲の緑の山並みを霞《かす》ませて、観光地のざわめきを静めさせる。雨の西湖に浸るしかない風情が、ここは漢詩の故郷であることをしみじみと感じさせた。中国六大古都のひとつ。杭州はどことなく日本の匂いが漂うところである。

遣唐使の往時を思う。倭国の使命を背負った多くの若者たちが、荒海の東シナ海を風まかせで漂着するようにたどりついた大陸で、最初に異郷の土を踏んだのがこのあたりだった。江南の地である。長安に続く水路が開ける。雨に降られたこともあっただろう。西湖の西の山中には広大な竹林がある。京都・嵯峨野を思わせる自然の妙が残っている。緑に囲まれ、産物豊かな土地で、暮らしぶりもおだやかになるしかない。遣唐使一行は倭と似た環境にしばし、安らぎを感じたにちがいない。

西湖のほとりには岳飛廟など旧跡が多い。いまも日本人観光客が絶えないでいる。杭州は古今、倭国・日本との交流が続く地である。本文でも紹介した意識調査で「生まれ変わるとしたら、中国以外のアジアの国でどこですか」の質問に、中国人が主導権を握っている国を除くと、日本を一位にあげたのが杭州であったのは、決して偶然ではないようだ。

激しくなるばかりの雨で、私たちは西湖散策を諦めて中心部に移った。私たちとは日本人講師と三人連れである。古物の歴史街を歩いた。ここも別天地の落ち着きがあった。前日までの上海の雑踏を忘れさせた。上海は個性を競うかのようにけばけばしい超高層ビルが林立し、道行く人があふれていた。連れの日本人講師は「杭州はいいですね、いいですね」を連発した。いよいよ台風にともなう雨が激しくなって傘をさしても意味がなくなり、ホテルへと引き揚げることにしたそのとき、私は「中国魂」を経験した。

次々とタクシーが通り過ぎるが、乗客がいる。空車のタクシーが通らない。土砂降りのなか、私たちは傘をさしたまま大通りの交差点に立ちっぱなしで、やみくもに車に向かって手をあげつづけた。十分経ち、二十分経ち、途方に暮れていたところ、一台のタクシーが少し離れて停まり、客が降りた。「空車だ」。私たちは走り寄った。すると、中国人の親子連れと鉢合わせになったのである。

運転手は即座に私たちに乗るように手招きした。一見しておだやかな人柄とわかる運転手による一瞬の合図だった。私たちは後部座席に乗り込んだ。すると、空いていた助手席に子どもを連れた例の若い母親が座り込んだ。

運転手の「降りてください」の言葉に、その母親が抵抗した。「このタクシーを先に見つけた。後部座席の人たちはあとだ。先に見つけた客に権利がある」。受けてたった年配の運転手は、それでもおだやかな調子で返す。「客を選ぶ権利が私にはあるでしょ」。これに対して怒りが爆発した母親。甲高い声でまくしたてはじめたのである。「私は降りない。先に見つけたから絶対に譲れない」。

五分経ち、十分経ち、いつ終わるともわからなくなった。外で立ちすくんでいた父親まで運転手に声高に文句をいいだした。「すぐに会社に電話をしてやる。客をバカにしたといってな」。これには比較的静かに応対していた運転手も堪忍袋の緒が切れたのか、激しくいいかえした。折よく、もう一台のタクシーがすぐそばに停まった。まくしたてていた母親もそれに乗り換えたので、ようやく乗車争いは決着した。

ホテルへ向かう車中で、連れの日本人講師が口にする。

「もうびっくり。小柄な若い女性だったのに、どこにあんなエネルギッシュな力があるのかと思いましたよ。私なら、あれだけ時間を気にせずまくしたてられたら、もう根負け。譲りますね。日本人なら、せいぜい文句を運転手にぶつけて引き下がります」

私には「中国魂」を改めて思い出させてくれる体験だった。中国人は自分の主張を簡単に曲げない精神を当然のことと教えられている。家でも学校でも、自己主張できないと責められる。百家争鳴の精神は日常に生きている。

おとなしい運転手でさえ、最後まで自分の主張を譲らなかった。「あなた方のほうが年上でしょ。年長に席を譲るのが当然です。とっさにそう判断して、あなた方を乗せることにしたんですよ」「それに日本人もごいっしょとわかって、お乗せしてよかった。杭州は観光第一のところ。外国人を大切にします」。「徳」の教えに育まれた年配者の言葉に感銘した私は、「あなたは〈中国人精神〉の方ね」と返したら、運転手は「謝謝」と答えた。

改革開放後の中国は、外国との「接軌」がふつうになった。中国の伝統的思考以外の別の考え方に触れる機会が、留学あるいはインターネットの登場によって生まれた。異文化交流で、儒教的思考にとらわれない生き方がとくに若い世代に見られはじめたといわれる。思考の多様化はグローバリズム時代に欠かせない条件である。世界のなかで、中国人はどういう存在なのか、中国人のアイデンティティを考えなければやっていけない環境にいま置かれている。

翌日訪れた浙江工商大学で、日本文化研究所の所長を務める王勇教授に会った。日中文化交流史を専攻し、日本でもいくつかの大学で教鞭をとるなど、日中往来が頻繁な人である。日中の「ブックロード」を唱えたことで知られる。ここ数年かけて、中国各地に収蔵されている日本人の文献を古代にさかのぼって調べあげ、本にした。地道な成果だが、将来、中国の日本研究が盛んになるにつれ必須文献になるにちがいない。

王勇教授は、中国での日本研究について際立った実績をあげて注目されている。研究実績が豊富、留学経験のある王宝平・日本語言学院副院長が強力な相棒だ。王勇教授は「日本文化を研究することは中国文化を知るためでもあります。中国はもっと異文化に留意しなければなりません。中国文化だけに閉じこもった研究は世界に通用しません。比較文化の視点が大事ですね」と話す。日本文化に関心を持ちはじめた学生が工商大学に殺到している実情は、中国が深層で変わりつつあることを示す一例だろう。

中国人は多様化を受け入れる一方で、伝統の中国文化への回帰にも熱心である。

北京の中国人民大学に開設された「孔子研究院」が話題になった。付属の「国学院」の学生を募集するという。人民大学が党幹部を育てる高等教育機関ということは周知のところだろうが、孔子研究が現実化すること自体に、私のような文化大革命期に青春を過ごした世代は驚きを禁じえない。

文革期、党・政府は古い伝統・古い文化・古い思想・古い習慣の追放を全国民に呼びかけ、少年少女を動員して「四旧一掃」の象徴として儒教批判を徹底して行った。封建思想の親玉として儒教を創始した孔子を批判した。いわゆる「批孔」である。『論語』もページをちぎられ包み紙に化けたりしたのはまだいいほうで、紙くずになり燃やされたりした。

中国はやはり儒教の国である。中国人のアイデンティティとして、生活の隅々まで儒教が染み込んでいる。すさまじい文革の嵐にも結局はびくともしなかったわけである。思えば、古代における秦の始皇帝の焚書坑儒をはじめ、孔子ほど何度も批判にさらされ、そのたびに甦った思想家はいない。中国史における不倒翁であろう。

人民大学に入ると、キャンパスに立つ巨大な孔子像が目を引くそうだ。四年前に建立したばかり。儒教の再認識を訴えているようにも見えるという。国学院の教科に儒教の経典「四書五経」がもちろんあるが、グローバル化の現代、世界史や哲学、美学、文学、科学史など西洋学問も学ぶようになるという。儒教抜きにはありえない中国文化を見つめなおして、西洋史観に対する中国史観の確立という深遠な目標があるように思われる。

二〇〇五年九月十九日、たまたま私の誕生日と同じ日の『人民日報・海外版』に「孔子精神 天下揚」という記事が掲載されている。それによると、九月二十八日が孔子誕生二千五百五十四年の記念日となる。それに合わせて最近、第四回国際儒学大会が開催されていた。二〇〇以上の国々から研究者が参加し、『文化巨人——孔子』という題の文献記録映画を鑑賞したという。同作品が現在、孔子の古里でもある山東省のテレビ局で放送されているそうだ。

京都の立命館大学に「孔子学院」が設立されたことは本文で紹介した。中国は世界各地にこうした孔子学院の開設をめざしている。国外に向けての中国文化の発信であるが、儒教を前面に押し出したかたちでは受け入れられるものではない。中国文化を理解してもらう道《みち》標《しるべ》として位置づけられるべきだろう。

どちらにしても中国はいま、世界とつながりを深める「接軌」が当たり前になった。各国との交流を積むなかで、中国は固着しているわけにはいかない。グローバル化が否応なく中国を巻き込んでいる。中国人の心に根ざす「愛国心」「歴史観」「徳」「中華意識」「受容と抵抗」という五つの精神もまた荒波をかぶりつづける。異文化を受容しながらも、建設的に抵抗することで、中国人の根っこにあるアイデンティティとしてうまく受け継がれていくことを願っている。

日中双方の文化の異質性に目を向けたい私にとって、日本という貴重な舞台を研究室にしている毎日が新発見の旅である。つねに研究の過渡期にいるようなものだ。今回も私なりの独善的な中間発表になった印象はぬぐえない。つたない作品にかかわらず本にしていただけるのはありがたいことである。

文章整理の際に加藤貴之氏にお世話になった。刊行を勧めてくれて、猛スピードですてきな形にしていただいたＰＨＰ研究所新書出版部の林知輝氏に感謝する。あとは読者の皆さんのご叱正を心から待つばかりである。

秋の梅　葉は重ね着のよう　春待ちぬ

二〇〇五年九月二十日

王　敏

PHP新書

PHP INTERFACE
http://www.php.co.jp/

王 敏［ワン・ミン］

1954年中国・河北省承徳市生まれ。大連外国語大学日本語学部卒業、四川外国語学院大学院修了。人文科学博士（お茶の水女子大学）。東京成徳大学教授を経て、現在、法政大学教授。専攻は日中比較研究、日本研究、宮沢賢治研究。朝日新聞アジアネットワーク客員研究員、政策研究大学院大学客員教授、総理大臣の私的諮問機関「文化外交の推進に関する懇談会」委員などを歴任、また中国社会科学院日本研究所客員教授、同済大学（上海）客員教授も務める。90年に中国優秀翻訳賞、92年に山崎賞、97年に岩手日報文学賞賢治賞を受賞。

おもな著書に『ほんとうは日本に憧れる中国人』（PHP新書）、『謝々！宮沢賢治』（河出書房新社）、『〈意〉の文化と〈情〉の文化』（中央公論新社）、『花が語る中国の心』（中公新書）などがある。また、『西遊記』『三国志』『紅楼夢』などの翻訳・ノベライズでも有名。

中国人の愛国心

日本人とは違う5つの思考回路

PHP新書369

二〇〇五年十月三十一日 第一版第一刷

著者――王 敏
発行者――江口克彦
発行所――PHP研究所
東京本部――〒102-8331 千代田区三番町3-10
新書出版部 ☎03-3239-6298（編集）
普及一部 ☎03-3239-6233（販売）
京都本部――〒601-8411 京都市南区西九条北ノ内町11
組版――朝日メディアインターナショナル株式会社
装幀者――芦澤泰偉＋野津明子
印刷所
製本所――図書印刷株式会社

ISBN4-569-64628-X

ＰＨＰ新書刊行にあたって

「繁栄を通じて平和と幸福を」（PEACE and HAPPINESS through PROSPERITY）の願いのもと、ＰＨＰ研究所が創設されて今年で五十周年を迎えます。その歩みは、日本人が先の戦争を乗り越え、並々ならぬ努力を続けて、今日の繁栄を築き上げてきた軌跡に重なります。

しかし、平和で豊かな生活を手にした現在、多くの日本人は、自分が何のために生きているのか、どのように生きていきたいのかを、見失いつつあるように思われます。そして、その間にも、日本国内や世界のみならず地球規模での大きな変化が日々生起し、解決すべき問題となって私たちのもとに押し寄せてきます。

このような時代に人生の確かな価値を見出し、生きる喜びに満ちあふれた社会を実現するために、いま何が求められているのでしょうか。それは、先達が培ってきた知恵を紡ぎ直すこと、その上で自分たち一人一人がおかれた現実と進むべき未来について丹念に考えていくこと以外にはありません。

その営みは、単なる知識に終わらない深い思索へ、そしてよく生きるための哲学への旅でもあります。弊所が創設五十周年を迎えましたのを機に、ＰＨＰ新書を創刊し、この新たな旅を読者と共に歩んでいきたいと思っています。多くの読者の共感と支援を心よりお願いいたします。

一九九六年十月

ＰＨＰ研究所

PHP新書

［人生・エッセイ］

001 人間通になる読書術 谷沢永一
122 この言葉！ 森本哲郎
147 勝者の思考法 二宮清純
161 インターネット的 糸井重里
200 「超」一流の自己再生術 二宮清純
253 おとなの温泉旅行術 松田忠徳
260 数字と人情 清水佑三
263 養老孟司の〈逆さメガネ〉 養老孟司
296 美術館で愛を語る 岩渕潤子
306 アダルト・ピアノ—おじさん、ジャズにいどむ 井上章一
307 京都人の舌つづみ 吉岡幸雄
310 勝者の組織改革 二宮清純
323 カワハギ万歳！ 嵐山光三郎
328 コンプレックスに勝つ人、負ける人 鷲田小彌太
331 ユダヤ人ならこう考える！ 烏賀陽正弘
340 使える！『徒然草』 齋藤 孝
347 なぜ〈ことば〉はウソをつくのか？ 新野哲也
348 「いい人」が損をしない人生術 斎藤茂太
361 世界一周！ 大陸横断鉄道の旅 櫻井 寛

［知的技術］

003 知性の磨きかた 林 望
025 ツキの法則 谷岡一郎
074 入門・論文の書き方 鷲田小彌太
075 説得の法則 唐津 一
112 大人のための勉強法 和田秀樹
130 日本語の磨きかた 林 望
145 大人のための勉強法 パワーアップ編 和田秀樹
158 常識力で書く小論文 鷲田小彌太
180 伝わる・揺さぶる！ 文章を書く 山田ズーニー
199 ビジネス難問の解き方 唐津 一
203 上達の法則 岡本浩一
212 人を動かす！ 話す技術 杉田 敏
233 大人のための議論作法 鷲田小彌太
250 ストレス知らずの対話術 齋藤 孝
288 スランプ克服の法則 岡本浩一
305 頭がいい人、悪い人の話し方 樋口裕一
311 〈疑う力〉の習慣術 和田秀樹
315 問題解決の交渉学 野沢聡子
333 だから女性に嫌われる 梅森浩一

341 考える技法 小阪修平
344 理解する技術 藤沢晃治
351 頭がいい人、悪い人の〈言い訳〉術 樋口裕一

［地理・文化］

088 アメリカ・ユダヤ人の経済力 佐藤唯行
110 花見と桜 白幡洋三郎
149 ゴルフを知らない日本人 市村操一
166 ニューヨークで暮らすということ 堀川 哲
176 日米野球史—メジャーを追いかけた70年 波多野勝
192 すし・寿司・SUSHI 森枝卓士
198 環境先進国・江戸 鬼頭 宏
216 カジノが日本にできるとき 谷岡一郎
244 天気で読む日本地図 山田吉彦
264 「国民の祝日」の由来がわかる小事典 所 功
265 「おまけ」の博物誌 北原照久
269 韓国人から見た北朝鮮 呉 善花
271 海のテロリズム 山田吉彦
279 明治・大正を食べ歩く 森まゆみ
284 焼肉・キムチと日本人 鄭 大聲
285 上海 田島英一
332 ほんとうは日本に憧れる中国人 王 敏
342 豪華客船を愉しむ 森 隆行
360 大阪人の「うまいこと言う」技術 福井栄一

［社会・教育］

039 話しあえない親子たち 伊藤友宣
042 歴史教育を考える 坂本多加雄
117 社会的ジレンマ 山岸俊男
131 テレビ報道の正しい見方 草野 厚
134 社会起業家—「よい社会」をつくる人たち 町田洋次
141 無責任の構造 岡本浩一
173 情報文明の日本モデル 坂村 健
174 ニュースの職人 鳥越俊太郎
175 環境問題とは何か 富山和子
183 新エゴイズムの若者たち 千石 保
227 失われた景観 松原隆一郎
237 ナノテクノロジー—極微科学とは何か 川合知二
246 離婚の作法 山口 宏
252 テレビの教科書 碓井広義
295 不登校を乗り越える 磯部 潮
322 判断力はどうすれば身につくのか 横江公美
324 わが子を名門小学校に入れる法 清水克彦／和田秀樹
330 権威主義の正体 岡本浩一

335 NPOという生き方　島田 恒
352 教科書採択の真相　藤岡信勝
354 アメリカの行動原理　橋爪大三郎
357 チャット恋愛学　室田尚子
365 誰がテレビをつまらなくしたのか　立元幸治

［思想・哲学］

002 知識人の生態　西部 邁
022 「市民」とは誰か　佐伯啓思
029 森を守る文明・支配する文明　安田喜憲
032 〈対話〉のない社会　中島義道
052 靖国神社と日本人　小堀桂一郎
057 家族の思想　加地伸行
058 悲鳴をあげる身体　鷲田清一
083 「弱者」とはだれか　小浜逸郎
086 脳死・クローン・遺伝子治療　加藤尚武
128 自我と無我　岡野守也
137 養生訓に学ぶ　立川昭二
150 「男」という不安　小浜逸郎
169 「自分の力」を信じる思想　勢古浩爾
181 〈教養〉は死んだか　加地伸行
185 京都学派と日本海軍　大橋良介
202 民族と国家　松本健一
204 はじめての哲学史講義　鷲田小彌太
220 デジタルを哲学する　黒崎政男
223 不幸論　中島義道
242 おやじ論　勢古浩爾
267 なぜ私はここに「いる」のか　小浜逸郎
268 人間にとって法とは何か　橋爪大三郎
272 砂の文明・石の文明・泥の文明　松本健一
274 人間は進歩してきたのか　佐伯啓思
281 「恋する力」を哲学する　梅香 彰

［心理・精神医学］

004 臨床ユング心理学入門　山中康裕
018 ストーカーの心理学　福島 章
030 聖書と「甘え」　土居健郎
047 「心の悩み」の精神医学　野村総一郎
053 カウンセリング心理学入門　國分康孝
065 社会的ひきこもり　斎藤 環
101 子どもの脳が危ない　福島 章
103 生きていくことの意味　諸富祥彦
111 「うつ」を治す　大野 裕
119 無意識への扉をひらく　林 道義

138 心のしくみを探る　林 道義
148 「やせ願望」の精神病理　水島広子
159 心の不思議を解き明かす　林 道義
160 体にあらわれる心の病気　磯部 潮
164 自閉症の子どもたち　酒木 保
171 学ぶ意欲の心理学　市川伸一
196 〈自己愛〉と〈依存〉の精神分析　和田秀樹
214 生きる自信の心理学　岡野守也
225 壊れた心をどう治すか　和田秀樹
304 パーソナリティ障害　岡田尊司
353 悩むチカラ　伊藤友宣
364 子どもの「心の病」を知る　岡田尊司

［文学・芸術］

049 俳句入門　稲畑汀子
120 日本語へそまがり講義　林 望
207・211 日本人の論語(上・下)　谷沢永一
258 「芸術力」の磨きかた　林 望
270 小津安二郎・生きる哀しみ　中澤千磨夫
282 幸田露伴と明治の東京　松本 哉
297 鬼・雷神・陰陽師　福井栄一
303 日本美術 傑作の見方・感じ方　田中英道
309 抄訳・ギリシア神話　ロバート・グレイヴズ
317 小澤征爾——日本人と西洋音楽　遠藤浩一
339 武満徹——その音楽地図　小沼純一
343 ドラえもん学　横山泰行

［宗教］

024 日本多神教の風土　久保田展弘
070 宗教の力　山折哲雄
113 神道とは何か　鎌田東二
123 お葬式をどうするか　ひろさちや
210 仏教の常識がわかる小事典　松濤弘道
218 空海と密教　頼富本宏
276 仏像の見方がわかる小事典　松濤弘道
283 イスラームの常識がわかる小事典　鈴木紘司
313 荒野《あらの》の宗教・緑《みどり》の宗教　久保田展弘
320 お経の基本がわかる小事典　松濤弘道